現代に生きる「忍道家」の実践！

忍者の秘伝

リアル修行帖

「忍道」陰忍五段師範
習志野 青龍窟

BAB JAPAN

はじめに

本書は忍者に関する研究モノというより、私のこれまでの活動や経験の中で体得した考え方を示す随筆の側面が強いものになっています。

提示している忍術や武術について、自作の創作物にならないよう極力出典を明らかにしております。一方でそうした学術的なものに終始せず、現在に続く生きた忍者文化の本として世に送り出したいという目論見があります。忍者、忍術というジャンルは決して過去の遺物や創作上のフィクションに留まらないとの信念からです。

忍術を学び稽古する忍道には、そうした文化を内包した温故知新の可能性があります。知っているようで知らない忍びの修行。本書はその生きた形を実践的にお伝えしているものであると自負しています。

しかしながら、あくまで私の修行でありますゆえ、主観的な経験に他なりません。ですので、ここに書かれていることは完全な正解でもなければ模範的なものですらない可能性があります。実際にやった私ですら自分自身で疑わしいものや、わからないことだらけです。したがいまして、私は本書で皆様に取り繕うことなく、正直なところをありのままに投げかけているつもりです。

なお、巻末に掲載しました江戸時代の歩法指南書である「万民千里善歩傳」の資料は処女作となります本書に自ら花を添える意味で文献的な価値を付与したいと思い、私の希望で無理を言って追加したものになります。

この資料を広く世に出すことで、多くの方に身体を通じて実際に体験し、歴史の中で幾度かあった文化的断絶の中で捨て去った日本的な身体性というものについて考え直す一助になれば、と期待するものであります。「万民」とタイトルにあるようにそうした目論見にぴったりの資料だと思います。

もし、忍術や武術に限らず、こうした文化にご自身で興味をもって、身体を通じて学ぶことの意義に共感し、日本文化の中に新たな発見をする方々が出てきてくだされば、それはこの上ないことです。本書は、そうした実践修行の世界に皆様を誘うものでありたいと祈念しております。

忍道家　習志野青龍窟　五十嵐剛

C O N T E N T S

【壱ノ巻】

忍びの履歴書

忍びの修行の実際

「忍びの修行」と聞いて、皆さんはどのようなものを想像するでしょうか。

口から火を吹き、妖術の類を起こし、念力で大蝦蟇《おおがま》を呼び寄せる修行？　暗殺など特殊任務に関わる隠し武器や特殊な武術の稽古？　はたまた、スパイ工作のための人心掌握やコミュニケーションの練習？

これらは皆さんが触れた忍者作品のイメージにより三者三様だと思います。

こう言ってしまえば元も子もないかもしれませんが、実は忍びの修行に「コレ！」といった正解はないと思うのです。では、修行とはなんでもアリなのでしょうか。

忍術の世界は知れば知るほど、学べば学ぶほど、経験・修行しなければならないことが山のように出てきます。なぜなら忍術は多岐にわたる膨大な範疇の学問だからです。それはなんでもアリなようで、やはり伝統や現代社会への迎合など複雑な事情が絡みます。

そんな忍者界に身を置く私が、自身の経験から修行とは何なのか、考えの整理も兼ねて語りたいと思います。また、本書は皆さんが持つ忍者のイメージに対して、啓蒙したり否定するよ

瞑想修行を行う著者。現在でも定期的に山奥へと足を運び、伝統的な忍者修行に励んでいる。

うな意図はありません。

ですが、私が経験することになった忍びの修行について、本書で紹介させていただくことも、この令和の世で忍術に携わる者として無駄ではないと思い、筆を執ります。

忍術との出会い

私が最初に忍術に触れたのは2009年頃。まだ大学生の時分です。「江戸隠密武蔵一族」という団体で、外国人観光客向けに忍者文化を紹介するツアーのインストラクターの仕事から、私の忍者業界でのキャリアが始まりました。

当時、武蔵一族は東京のインバウンド向け本格忍者体験事業としては先駆的存在と言える団体でした。

それまでの私は、柔道や総合格闘技などをかじっていたこともあり、その経験が活かせる仕事として、縁あって忍者の世界に足を踏み入れることになったのです。

江戸隠密武蔵一族の一員として、東京のインバウンド向け本格忍者体験の現場にて、さまざまな経験を積んでいた頃の著者（写真左端）。

忍者といえば、ミュータントニンジャタートルズや忍たま乱太郎、ＮＡＲＵＴＯといったアニメ作品の知識程度しかなく、初めて忍び装束に身を包み、キャッキャとはしゃいでいた若かりし時代が私にもありました。

この団体の体験ツアーは、いわゆる「本物」を売りにしていました。現場では武術の経験など、ツアー客の指導に当たるのに恥ずかしくない、きちんと見せられるレベルの腕前や教養が求められました。

ここでの見習いの期間に、手裏剣、吹矢、隠し武器といった、いわゆる忍者と聞いて皆さんもイメージするような基本的な武器や道具の名称を覚え、使い方を学んでいきました。最初に手裏剣術の練習として塗り箸を的に刺したことを懐かしく覚えています。

その後の数年間、世界中から忍者文化を体験しに訪れる人たちとの幾千という出会いの中で、さまざまな経験を積むことになるわけですが、この時期が私のベースとなる修行だったように思います。

元ロシア軍人猛者とのチカラ比べ

現場では、なかなか大変なこともありました。ときにツアーの域を越え、チョイと腕試しとばかりに挑んでくる屈強な外国人や、経歴を隠したミリタリー系の人が体験を装って偵察（？）にやって来ることもありましたので、団体の名折れにならないよう、きちんと上手く対応しなければならないという場面も少なくなかったからです。

中でも印象に残っているのは、ロシアから来たお客さん6名を迎えたときのことです。そのときのエピソードをご紹介したいと思います。

お客さん全員の平均身長は190センチほどもあり、元ロシア軍の作戦部隊との話でした。あまりの屈強さ故、対応に困りましたが、棒手裏剣の体験などは驚いて喜んでくれるだろうと思い、ご指南しましたら、私らよりも上手いという始末。ロシア人の通訳さんにまで、ケロッとした顔で「彼らは小さいときから投げナイフで兎を獲って食べてるからね」などと言われた日には、もう笑うしかありませんでした。

若造の私より年齢もキャリアも経験も上のお客さん。そのちょっと小馬鹿にしたような態度から察するに、完全に舐められていました。

そんな人たちを何か一つでも驚かせたいと思い、兄弟子の提案で杖を使った押し相撲で巨躯のお客さんたちと勝負しようという話になりました。

当時の私は今より細かったので、体重は75キロほどで兄弟子はさらに細身の60キロ台でした。我々に対して相手はクマのような大柄の元ロシア軍人の猛者たち。提案したときには余裕だという顔で鼻で笑っていました。あちらからしたら、我々はまさに子どもかそれ以下のサイズでしたから。

いざ勝負となり、こちらはいわゆる古武術的な身体技法を全力で使って重みをかけ、一気に勝負を仕掛けました。ですが、相手も重心を落として一向に動きません。汗をかきかき健闘するも、残念ながら勝負は二人とも引き分けでした。

我々としては、またしても舐められたままかと気を落としましたが、向こうのリアクションは意外なものでした。

突然態度が柔らかく変わり、話を聞いてくれるようになったのです。どうやら楽勝と思われた勝負が引き分けになったことに驚いたようでした。

その後、剣術や手裏剣の体験を終え、お互いに大汗をかいて押し合い、心が通じたのか、言葉を超えた相互のリスペクトが生じた瞬間を肌で感じました。別れ際、「もしロシアに遊びに来たときは歓迎するよ」とまで言われました。

後にも先にもこんなに緊張感のあるツアーはありませんでした。

多様な文化、人種、価値観と触れ合った下積み時代

さて、こんな強烈なことがたまに起きたりするスリリングな体験ツアーを日々こなしながら、教室やセミナーを開催したり、忍者ショーのリーダー、メディアでの演武や解説を担当するなど、多岐にわたる活動をしていきます。普通の若者では、まず体験できない環境に身を置かせてもらっていたと思います。

こういった現代の職業的な忍者の経験が本当の修行と呼べるのか、伝統的なのか否かという議論はひとまず横に置いて、世界中のありとあらゆる文化、人種、価値観の人たちと忍者をテーマに触れ合い、分かち合い、ときには対立もしながら得たものは、私にとって間違いなく忍びの修行でした。

おそらくこの辺りが下積みと呼べる経験だったのだと思います。

その後、暖簾分けのような形でこの団体からは独立をさせてもらいまして、個人として活動するようになり、現在に至ります。

忍術傳書の研究と伝統的忍びの修行実践

自分には忍者のことしかありませんから、この道で食べていくしかないのですが、個人という何も後ろ盾がない中で活動していくにあたり、これまで通りのやり方では通用しませんでした。

三大忍術本から実践法を学ぶ！

傳書研究

武蔵一族から独立後、三大忍術書『万川集海』（伊賀流と甲賀流の家伝の忍術を藤林保武が22巻にわたってまとめたもの）、『忍秘伝』（徳川幕府の隠密頭、服部半蔵から口承した服部美濃守保清の実践書）、『正忍記』（藤一水子正武が延宝年間にまとめた紀州流の忍術秘伝書）などの、忍術傳書の研究にも努めている。

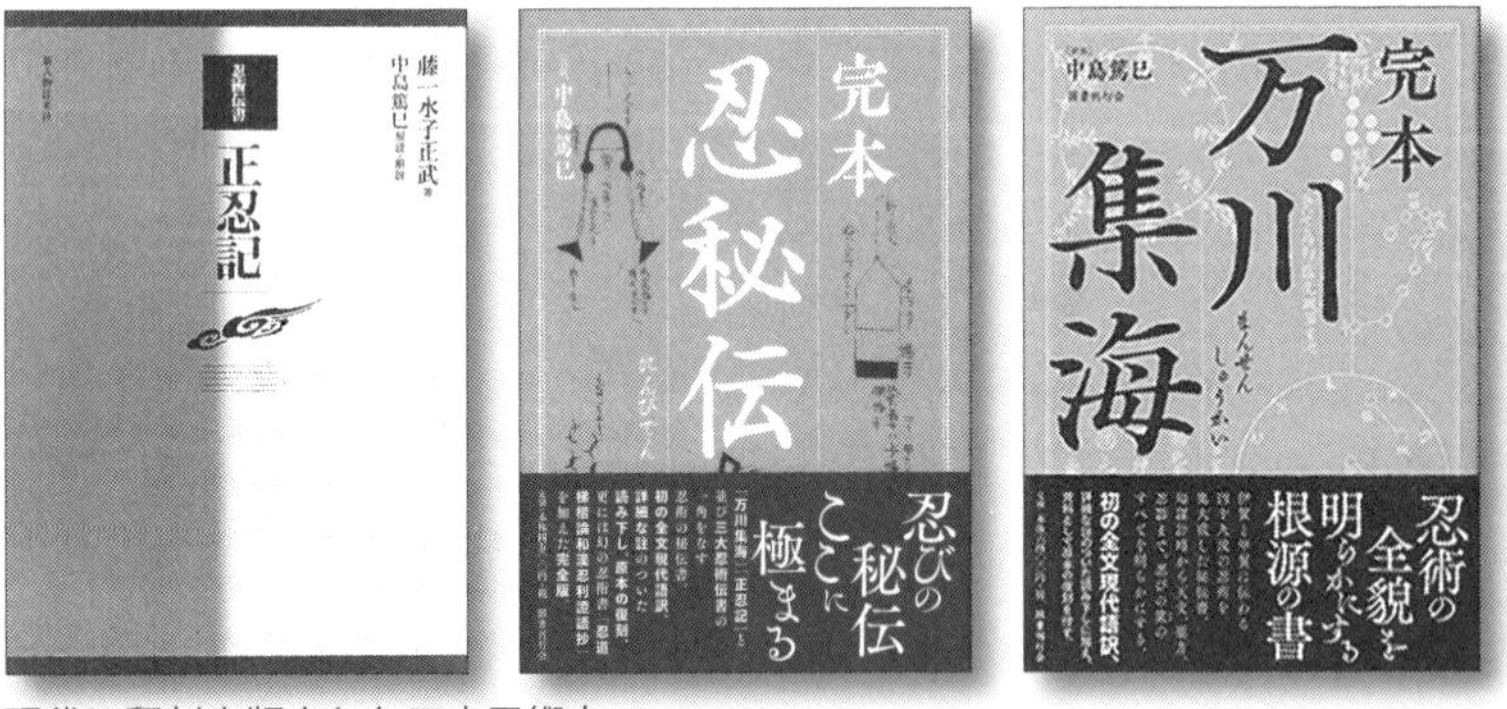

現代に翻刻出版された三大忍術本。
（右）『完本　万川集海』（中島篤巳・翻訳、国書刊行会）
（中）『完本　忍秘伝』（中島篤巳・翻訳、国書刊行会）
（左）『忍術伝書　正忍記 』（藤一水子正武・著／中島篤巳・解読解説、新人物往来社）

　そこで、忍者のことについて造詣をより深めようと、それまであまり学んでこなかった忍術傳書《でんしょ》（伝書）の理解に努めました。

　ちょうどこの時期には、三大忍術書として知られる『万川集海』や『忍秘伝』の翻刻本なども発売されていましたし、三重大学の忍者学に携わる先生方を中心として国際忍者学会も発足されましたので、そういった学術研究的な方面から、忍者に関心を持って取り組むにはとても良いタイミングでした。

　そして調べていくほどに、自分は伝統的な忍びのことについて、知識の上では全く知らなかったと気づかされ、素直に反省しました。

　この反省は今現在でも持ち続けています。しかしながら幸いにも、友人の福島嵩仁さんや井上直哉さんといった、歴史的な忍術書を発見されたり、国際忍者学会の役員を務めるような忍者研究界の若手第一人者たちもそばにいて交流してくれたので、忍者に関する学術的な教養についても学ぶ機会に恵まれました。この古きを知るという座学も間違いなく必要な修行であるといえます。

　そうした活動を続ける中で、一つの転機が訪れます。

　日本忍者協議会が新たに「忍道」というプロジェクトを立ち上げました。それは伝統的な忍

「忍道」陰忍プログラム

全国より師範忍たちが川上師の下に参集し行われた「忍道」合同稽古会の様子、左端が著者。（写真：日本忍者協議会）

上写真は甲賀伴党二十一代目宗師家・川上仁一師（左）、三重大学で忍者学の研究に勤しむ山田雄司教授（右）と、右写真は忍者研究界の若手第一人者として活躍する福島嵩仁氏（左）、国際忍者学会の最年少役員を務める井上直哉氏（右）との、それぞれ忍者界の精鋭たちとの豪華３ショット。

術を後世に残し、多くの人に指南するためのプログラムを開始するとの趣旨で、そしてその師範の一人の候補として私に白羽の矢が立ったのです。

その忍道の総師範は川上仁一先生（甲賀伴党二十一代目宗師家）でした。そうして川上仁一先生より伴家に伝わる甲賀流伊賀流の忍術をベースに、さまざまな伝統的忍術や修行法を教わる機会を得たのでした。

ここから忍びの伝統的な修行を本格的に学んでいくこととなります。

現代社会に活きる「忍耐力」

忍道のモットーは「以忍成和」です。「忍を以て和を成す」と訓みます。

忍術の本質は、争わず、調和して生きていくために己を知り、相手を知り、そして「機を捉まえて間隙を衝く」ことにあります。そのためには弛まぬ自己鍛錬、何があっても動じない忍耐が必要です。互いに忍の心があれば、何事にも和が生まれる、としています。

常陸廻国追善修行
遠足実践検証

不及流の傳書中にある「健行なる人は四十里（160km）の行程１日に至り易かるべし」との言葉の意味を探るべく、2020年９月に埼玉県上尾市から北茨城大津港の永松寺までの164kmを実際に歩いてみようと、検証の旅に出た。60km時点で草鞋を三足も履き替えるなど過酷な旅となったが、結果、３日間で徒歩85km、自転車で220kmキロを踏破した、往復300kmの遠足修行旅となった。

詳しくは忍道の公式ホームページをご覧いただければと思いますが（https://nin-do.jp/about/）、ここでも簡単に説明します。

忍道は「忍耐力」や「人の心の捉え方」などを伝統的な忍術から学び、現代社会の生活に還元できるような人物を目指すものです。中でも、身体性のある修行としては、この「忍耐力」が鍵となります。

具体的な忍道の修行は次のように進めてゆきます。

まずは呼吸法を学び、心と身体を落ち着ける術を身につけ、心身が一如となるように練ります。忍道の呼吸法は幾種類もあり、それらは全ての忍術修行の根幹に通底するものといっても過言ではありません。

桶に水を張り、顔をつけてできるだけ長く息を止めるなどの練習もして、呼吸と心身の深いつながりを体感してゆきます。

それらの呼吸法を身につけつつ、印を用いた瞑想法や、大声で気合をかける気合法の稽古を通じ、今度は身体に気を充実させ、気力を強くしてゆきます。

そこが進むと今度は五感を向上させる練習になります。視覚、聴覚、味覚、嗅覚、触覚を鋭く働かせ、僅かな変化でも感じられるように、さまざまな練習をします。そこでもやはり呼吸

本書では忍びの心身鍛錬から、山稽古、歩法、隠形術、忍び六具や、武器術まで、武術をも包含した忍びの広大な修行世界を紹介！

法で身につけた落ち着きが伴わなければ、僅かな感覚の変化を捉えることは難しいのです。

こうしたものが忍耐力を養うための極めて初歩的な基礎練習となります。

私が下積みとして武蔵一族で経験したような修行も、川上仁一先生より忍道を通じて学んだ伝統的な修行も、根底に共通するのは「現代社会に活きる」ということだと思います。

世界中から訪れるたくさんの人たちに揉まれた経験から学んだ、言葉の壁を越えて心を伝え合う感覚。そして「以忍成和」として古伝に学び、具体的な修行として忍耐力を身につけていくこと。

この二つが今の私の活動を成すものとなっています。

ですから、これからもより深く忍術を学び、その精神を社会に還元できるように発信することこそが今の生業なのだと思っています。

まだまだ果てしなく奥深い忍術の世界ですが、忍者界からの生の声を読者の皆様にもお伝えしたいと思います。

【弐ノ巻】

忍びの呼吸法

自らの心と息づかい

忍びにおける呼吸法とはどういったものであるか。その技法の具体的な稽古法や意義の解説を試みたいと思います。

呼吸に関する技法の詳細に移る前に、まずは忍びの役割について理解する必要があります。歴史的な忍びの主たる目的は、敵方の偵察、斥候《せっこう》、撹乱、奇襲といった特殊な作戦にありました。

この場合、敵の裏をかいた場所や時節に素早く接近して忍び込むものでありますから、過酷な環境による艱難辛苦《かんなんしんく》に耐え忍ばなければならなかったことは想像に難くありません。

そうした環境でジッと静かに潜んで好機を狙っているときや、命からがら情報を得て撤退しているときに、もし息が乱れて呼吸音を大きく立てれば、たちまち敵に発見されることでしょう。さらにいえば、このような危険な場所に命を懸けて赴くのですから、その恐怖や緊張は如何程であったかと思います。緊張を鎮め、冷静にことに当たるためにも、忍びは呼吸法を用いてきたのだと愚考します。

我々は忍道の稽古において、少なくともこのような当時のシチュエーションに思いを馳せ、より具体的で実用的な技法として呼吸法の鍛錬に臨んでいます。

息という字は自らの心と書きますから、心の状態が即座に息づかいに表れるものであります。時代は移り変わっても、人の心の在り方は変わらぬものであると思います。こうした修行で培った経験と効果は、現代の世でも有益な技法として還元できるものと確信しています。

呼吸の難しさを自覚する

さて、我々は普段から当たり前のように呼吸をして生きています。よって、日常生活において、その難しさについて自覚することは少ないと思います。

しかし同時に、思いもよらない事態でパニックに陥ったとき、呼吸が上手くいかずに苦しい思いをしたという経験のある方もいるのではないでしょうか。

私のことをお話ししますと（弱点を晒すようで武芸の世界に身を置く者としては気が引けるのですが）、子どもの頃から喘息を患っており、いまだ発作に苦しむことがあります。

喘息の発作が出ているときは気管支が狭まり、痰が絡みますから、それはそれは大変です。横になって寝ることができず、酸欠で夜中に何度も起きるといったことも過去頻繁にありました。咳込んでは痰を切り、吸うにも吐くにも力一杯に行って、ようやくギリギリの酸素を得られるというまさに生き地獄でした。現在では良い予防薬が手に入るようになりましたので、このような苦しい思いはしなくて済みますが、これまで嫌というほど呼吸の難しさを痛感してきました。

さて、怪我の功名というにはいささか苦労のほうが多い気がしますが、こうした経験から一つの発見がありました。発作が明けると腰痛になったり、背中や肋間、肩周りといった、呼吸とは直接関係なさそうな、身体のあらぬところの筋や腱が筋肉痛になります。

つまり裏を返せば、呼吸とは全身のあらゆる場所が精妙に働いて行われている高度な運動なのだ、ということを私は持病から体感したのでした。

このように本来的にはとても精妙な運動である呼吸。その奥深さや心身との関係性は、私のように喘息などを経験せずとも、呼吸法の練習を通じ、難しさを体感しながら掘り下げることで理解していけます。

「呼吸なんてそんな当たり前のこと簡単じゃないか」という認識が改まり、その難しさに気

全身運動としての呼吸

呼吸とは全身のあらゆる場所が精妙に働いて行われている高度な運動である。その奥深い世界への扉を開くため、忍道での稽古ではさまざまな呼吸法の鍛錬に臨む。

づいたとき、この奥深い世界の扉が開くことでしょう。

「阿吽」の呼吸

忍道では呼吸法の基礎の基礎として、初めに「阿吽《あうん》」の呼吸の練習を行います。

お寺の門に御坐《おわ》す金剛力士像や狛犬の阿形《あぎょう》と吽形《うんぎょう》のお顔をよく見てみてください。阿形は口をカッと開いていて、吽形は口を真一文字に結んでいます。こうした表情になぞらえて、この練習では阿は口呼吸、吽は鼻呼吸とするのです。

まずは口呼吸でゆっくり大きく深呼吸を行います（鼻呼吸でも同様に深呼吸を行います）。

雑司が谷鬼子母神堂の入り口で出迎える阿吽像。

口をカッと開いていた阿形では口呼吸、口を真一文字に結んだ吽形では鼻呼吸で、ゆっくりと大きく深呼吸を行う。続いて、阿吽と吸う吐くを組み合わせた4パターンの呼吸法を行う。

「阿吽」の呼吸

このとき、深呼吸をより深く行えるように、両手を広げたり体を窄めたり、あるいは、寝転がって行うなどしても良いと思います。とにかく呼吸が全身と連携し、空気が隅々まで行き渡る感覚を得ていきます。

心地よさを捉えて、徐々に心身が落ち着くように練習していきます。

次の段階としてこの阿吽と吸う吐くを組み合わせます。

すると

①口から吸う　口から吐く
②鼻から吸う　鼻から吐く
③鼻から吸う　口から吐く
④口から吸う　鼻から吐く

の4パターンの呼吸法となります。

それぞれで上記のような深呼吸を行いますと、徐々に呼吸の難しさが見えてくるかと思います。

「息長」薄く平たい呼吸法

「息長」はオキナガと読みます。

やり方は、まず正座か足を組んで坐します。額に口の下ほどまでの長さの短冊状の和紙を貼ります。この和紙が揺れないように薄く呼吸をするわけです。そして「吸う」↓「止める」↓「吐く」の順で、それぞれ同じ秒数ずつ、ゆっくりと息をします。

はじめは10秒間吸い、10秒間止め、10秒間吐くを繰り返すところから稽古をスタートして、慣れてくるにつれ、秒数を徐々に伸ばしていきます。

やってみるとわかりますが、はじめはこの呼吸の継ぎ目の部分、止めるところから吐いたり、吐いたところから吸ったりする瞬間に、苦しさもあって和紙がピラッと揺れてしまいます。決められた秒数で綺麗に平たく吸い続ける（吐き続ける）のはとても難しいものです。

はじめの5秒で吸いすぎてその後吸えなくなったりと、小さく細く吸う吐くする難しさに気づき、呼吸の技術を向上させることができます。最初は苦しいので、まずは無理なく休みながら慣れていくことをお勧めします。

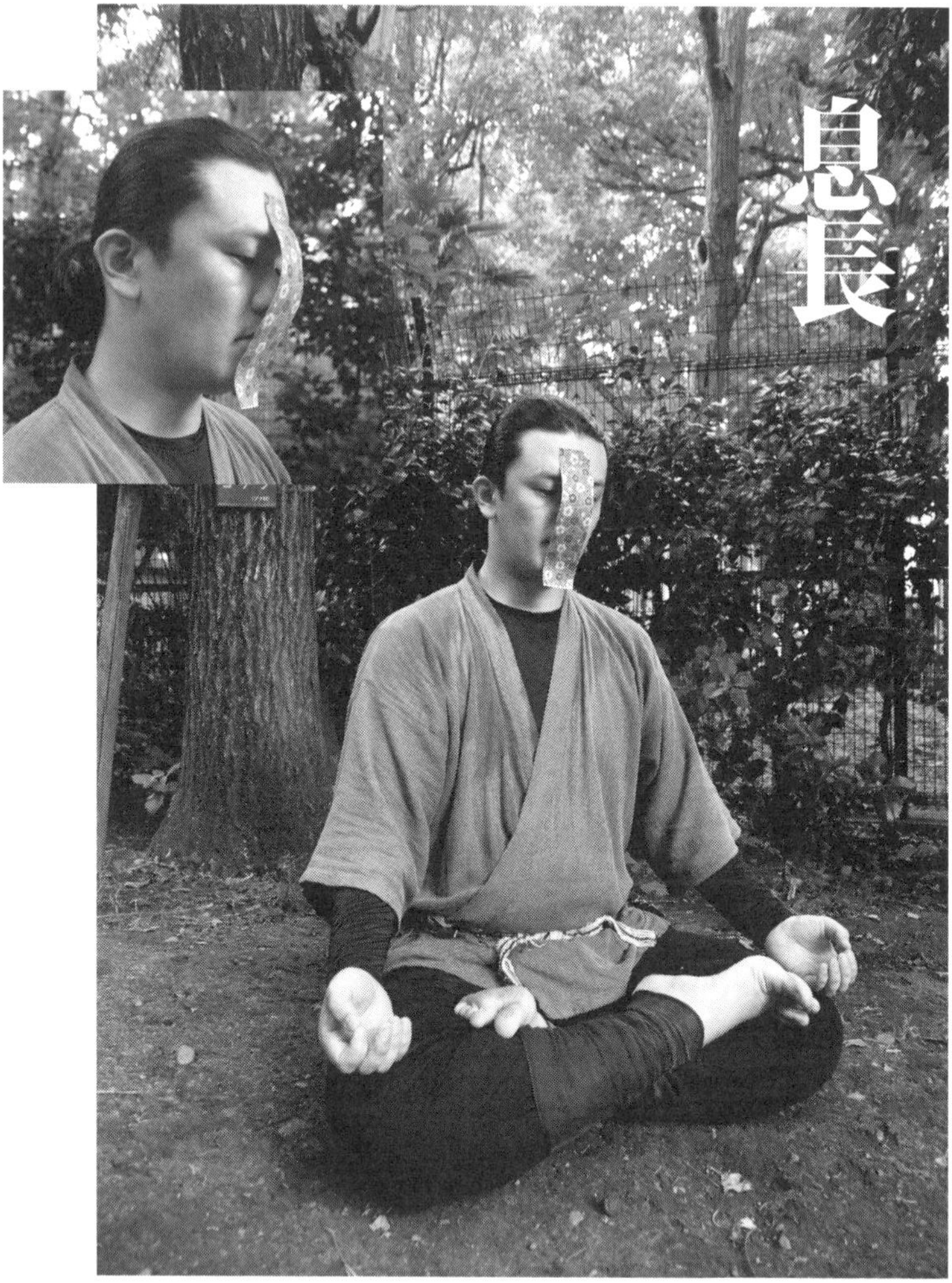

正座か足を組んで坐す。額に口の下ほどまでの長さの和紙を貼りつけ、和紙が揺れないように薄く呼吸をする。「吸う」→「止める」→「吐く」の順で、それぞれ同じ秒数ゆっくりと息をする。呼吸の継ぎ目の部分で和紙が揺れがちなので、小さく細く呼吸し続ける。

余談ですが私はこの息長の修行がけっこう好きです。慣れてくると苦しさよりも一種の心地よさが感じられるようになるからです。細く丁寧に、かつ一定に、息を止めつつの特殊な息長の呼吸を繰り返していくことで、強い集中力を得ることができます。

そのまま呼吸に集中して5分も瞑想をしますと、終えたときにはとても爽快な気分になります。

さて、忍道ではこのような呼吸法を基礎練習として、さまざまな場面で呼吸を整えて感覚を研ぎ澄ませていきます。

五感の鍛錬―息を潜めて感覚集中

続いては呼吸を活かした五感の鍛錬をご紹介します。

冒頭でも述べましたが、息という字は自らの心と書きます。息が乱れていると心も乱れます。逆もまた然り。呼吸法を用いて息を整えることで心を整えることもできるわけです。

武道の世界ではよく水月の位と言いますが、波立った水面では月が綺麗に映りません。明鏡止水の境地とまではいかずとも、心が鎮まることで初めて微細な感覚に耳を傾け目を凝らすことができようかと思います。

音や匂い、味、見えるもの、触れるものの些細な変化にも敏感に気づくことが要求される忍びの世界。忍道では五感を鍛える修行を行います。

例えば、些音聞《さおとき》きという修行では、普段なら聞こえないような小さな音を聴く練習をします。背後に砥石を置き、その上に針を1本～3本ランダムに落としてもらいます。砥石に落ちた針の音に集中して、何本落ちたのかを音のみで聴き分けるというものです。

人間の感覚は不思議なもので、はじめのうちは全くわからなくても、徐々に正解率が上がっていきます。

ほぼ明確にわかるようになったら、今度は砥石の距離を徐々に遠ざけていきます。遠くで落ちる針の微かな音を聴くにはやはり呼吸が重要です。自らの吐息がハァハァとしていては針の音は聴こえませんから、上手く息を潜めて感覚に集中することが求められます。呼吸は感覚を研ぎ澄ませるための土台になっているのです。

背後に砥石を置き、その上に針を１本～３本ランダムに落としてもらう。砥石に落ちた針の音に集中して、何本落ちたのかを音のみで聴き分ける。

呼吸の乱れに気づく

ここまでさまざまな呼吸の技法について触れてきましたが、これらに関連して私がとても大切にしている感覚についてお話ししたいと思います。

それは「呼吸の乱れに素早く気づく」ということです。

呼吸の難しさの自覚がこの修行の立脚点である旨は度々述べてきました。なぜそれが重要かというと、呼吸の難しさに無自覚のままだと、心身の状態が乱れたときに末端の影響に気を取られて本質的な対策が後手になることがあるからです。

例えば、会議に遅刻しそうだとかで気持ちが焦る事態となったとき、人は不用意な判断で、その焦りを怒りとして周りにぶつけることで解消しようとしたりします。

また、その原因となっている物事に気を取られてしまい、より大事な物を置き忘れてしまったりと、心はハラハラとした焦燥感を作り、身体は息が乱れているというシグナルを出しているので、まずそれらに気づき、冷静さを取り戻すことが先決であるのに、間違った選択をしてしまいがちです。

呼吸の乱れに素早く気づく

急峻な岩場を登攀（とうはん）する。

私自身もそのような経験には枚挙に暇がありません。しかし呼吸の難しさの自覚を得て、心身の状態は呼吸の状態に出ると体得的に気がついていれば、まず呼吸からアプローチして冷静な判断をするほうへ向かうことができると思います。

夜間山修行でのエピソード

以前、山で修行をしたときにこんなことがありました。四名のグループで真夜中の山修行に臨んだときのことです。

ルートも中盤に差し掛かり、ちょうど急な登りになった辺りで事態は起こりました。私の耳元で「ウー…ウー…」と男のうめき声のような謎の声がしたのです。

最初は後ろの人かと思い、その場で確認しましたがメンバーの誰かの声ではなく、しかも全員その声が聴こえているということがわかりました。

その瞬間、恐怖でパニック状態に陥りかけました。

同じく忍道師範忍の伊与久松凮師と、迫り出した岩場から眼下の雲海を覗き込む！

非科学的ではありますが、山ではこうした不思議な現象は珍しいことではありません。そのときは、全員が自分の恐怖感や息の乱れに気づき、自分の状態を客観的に捉え、全員ひとまず歩みを止めました。

各々で声をかけ合い、普段の忍道修行で培った技法で呼吸を整え、九字を切り、神仏を拝み、冷静さを取り戻して再出発し、その後は無事に予定のルートを通って修行を終えることができました。

もし、焦った気持ちをそのままに先を急いでいたら、それが仇となり大きな事故につながっていたかもしれません。

こうした冷静で客観的な判断につながったのは、修行により呼吸の些細な変化に気づくことができるようになったところが大きいように思います。

深淵なる忍びの呼吸法の世界、日頃の嗜みとして皆さんも修行してみてはいかがでしょうか。きっといざというときに指針となることでしょう。

【参ノ巻】

忍びの山修行

忍びと山

本章では私の経験した「山修行」についてお話しすることといたしましょう。

忍びにとって山での修行は欠かせないものです。ひとたび戦になれば、山はそのまま城となり陣地になります。尾根（山頂と山頂をつなぐ峯筋）伝いに素早く移動し伝令したり、山道を把握して的確に案内する役目など、忍びは山に精通する必要がありました。

また、甲賀忍びの多くが飯道山の修験道に関わっていたように、山に伏せる修験の修行を通じて山に精通することのみならず、神仏の教養や修験者独自のネットワークを構築し情報収集していたともいわれます。

忍術傳書『万川集海』には「山による心得八カ条」と題して敵地の山の情報を集め、見積りを立てる術が詳細に記されています。

その中で、木立・草山の状態、渓谷の浅深、広狭、川沢の形などにより軍術が変化するので、詳細な見積りが必要であるとしています。また、夜間や風雨の日を選び、山の嶮岨《けんそ》な側から敵陣に侵入して奇襲や撹乱を行うなど、普通では予測できない過酷なルートを通って攻め入る戦術も行っていました。

このような忍びの術を文献上で読み解くだけでしたら「大変そうだ」という感想で終えることもできましょう。

しかし、古きに想いを馳せるだけでなく、実際に修行をすることで、より深く当時の実情の理解に近づくことができると思うのです。

山での修行を経験しますと、言うは易しと行うは難しの現実の厳しさに直面します。周りの自然環境が敵となって牙を剥いてきますので、当時はどれほどキツかったのかを生身で理解することができます。

忍びの世界に親しむには、苦しい環境をあえて選び、山修行を行う必要があります。

はじめての山修行

私がはじめて山で修行したのは2013年頃。東京都はあきる野の山の麓で忍者イベントや研修、山岳トレーニングなどの事業を展開されている甚川《じんかわ》浩志師範（野忍流・忍道師範）とのご縁があり、山での忍者修行イベントなどをお手伝いすることとなりました（このご縁は今でも続いています）。

当時は漠然と、忍者として仕事をするなら、山での修行くらいしておかねば、という志と、純粋に甚川師範の取り組まれている自然の中でのアクティビティの魅力に惹かれていました。

そんなある日「奥多摩の三大霊山を巡る夜間歩行修行に行きませんか？」と甚川師範からお誘いを受けました。

夜間歩行とは夜通し寝ずに山中を歩くもので、奥多摩の三つの霊山、高明山、大岳山、御岳山を1日でめぐる巡礼修行です。これはツアーではなく、甚川師範の自主訓練に同行するという形でした。はじめての本格登山にしては少々ハードルが高い気がしましたが、「これも修行！」と参加することにしました。

養沢から、道のない草むらの傾斜地を上がるルートで高明山に登り、馬頭刈尾根から大岳山、御岳山に向かって、最後は日の出山から金毘羅尾根経由で養沢に戻るという行程で、歩行時間はおよそ13時間。さらに運が悪いことに、この日は関東に台風が上陸していて強風と暴雨というコンディション。

それでも集合した数名の忍者や武術関係者の先輩たちは台風のことには何も触れず、ただ淡々と集合し、黙々と準備をしていたときには「さすが……」と思いました。

夜10時頃。いよいよ出発。

水分はもちろん携帯していますが、口を開けて上を向いていれば飲み物には困らないくらいの雨の中を進みました。途中、山椒《さんしょう》の藪を分け入って進み、その棘が身体中を突き、痛かったことを今でもよく覚えています。

通常の日中の登山と違って夜間ですから足元すら見えにくく、細心の注意を払います。ましてや雨風で足場はぬかるみ、場所によっては道が沢の様相を呈していました。途中、鎖場（足元が狭く鎖が手摺として用意されているような場所）などをヒヤヒヤしながら越えたり、永遠にも思える尾根伝いの細いアップダウンを踏破し、なんとか夜明けを迎え、午前中には無事に元の場所へゴールすることができました。

山に精通する忍び

著者の初めての山修行の案内人であり、東京都あきる野の山の麓を拠点に、さまざまな忍術活動を行っている甚川浩志師範（野忍流・忍道師範）と。

しかしながら、山での経験が未熟だった自分はすっかり体力を失い、オマケに雨で身体を冷やしてしまったせいで、頭痛と悪寒をもよおしてダウンしてしまいました。急遽、お風呂を炊いていただき、身体を温めて寝かせてもらいました。

その傍ら、到着後の休憩もほどほどに、次のセミナーの仕事の準備を始められた甚川師範や、そのまま仕事に向かわれた先輩たちは「ホント化け物か！」と思いました。

今思い返しても、この厳しい山の洗礼があったからこそ、ここを基準としてその後の修行の支えになりました。この修行中に甚川師範から教わった山でのリスクについての心得は今でもとても大切にしています。

「前後の人との距離について」

山では、前後の人との距離の置き方に正解はありません。けれども、近付きすぎれば前の人の滑落に巻き込まれるリスクが高まり、離れすぎれば前の人の落とした石の威力が増してくる。もっと離れすぎれば、はぐれてしまうかもしれません。なので周りの状況を常に確認して、その場で適切と思える距離を取るようにする、と教わりました。

山林斗藪

鎖場をひやひやしながらも越える。

山では前後の人との距離の置き方に注意。周りの状況を常に確認し、その場で適切と思える距離を取る。

「夜の山で本当に怖いのは恐怖心がなくなっているとき」

今立っている場所はビルの屋上の淵と変わらないのに、木で下が隠れて、闇で高さがわからなくなっている。だから時々、ライトで谷底を照らして、高さを再確認して、きちんと恐怖するようにと。

甚川師範から教わったこうしたリスクの考え方は、山のみならず日頃の生活でも意識し、また教室では自分の生徒さんたちにも伝えるようにしています。

山でのサバイバル

それからというもの、すっかり山での修行が好きになり、高尾山～陣馬山を往復するトレイルランニングの夜間イベントに参加したり、仲間と登山するなどして親しんでいきました。

そしていつしか、サバイバル的な山籠りに挑戦してみようと思うようになりました。それも、なるべく伝統的な道具を駆使し、忍びの世界観に近い形で。

そしてある夏、忍び的野営修行を実行に移しました。

まずは装備。服装は自分にとって最も動きやすい和装に地下足袋、食料は玄米と味噌と椎茸の乾物を持っていきました。それらを食べるための飯盒《はんごう》。簡易のテントと寝袋。

忍器として、錣《しころ》、苦無《くない》、懐刀ナイフ。錣は丸型の鋸《のこぎり》で本来は敵地の逆茂木などの要害を切りひらくための道具ですが、薪を細かくするのに使いました。苦無は急な坂や石垣に突き立て登ったり、穴を掘るなどにも使える道具です。懐刀ナイフは調理や枝を加工するときなどに使いました。

こういった支度でいざ山へ。

まずは麓の沢の近くに陣を張りました。ここは以前から目星をつけていた場所で、落石や倒木、河川の増水などリスクを考慮して比較的安全なスペースを選びました。

居場所ができたら、明るいうちに薪《まき》を集めます。それらの長さや大きさを揃えて焚火の支度をして、続いて飲み水の確保をします。

飲み水が湧いている場所まで水を汲みに40分ほど登山し、無事に水も調達しました。横にある沢の水を飯盒に入れて煮沸して飲むことも敢えてしましたが、基本的に沢などの水は飲まないほうが賢明です。

水と火の支度ができたら、食事の支度です。焚火の飯盒炊爨《はんごうすいさん》で玄米を炊き、その間に食べられる野草を探します。ギシギシの新芽、セリ、オオバコ、アカソなどがすぐ周りに生えていたので、干し椎茸とともに味噌汁の具材に。

でき上がった味噌汁と玄米飯で腹ごしらえが済んだ頃には辺りは暗くなりました。山の日没は早いのです。

日が落ちると何もない真っ暗闇に包まれます。ここからが修行の本番です。

一人、山中で夜を明かす初めての経験。緊張と恐怖があります。焚火と月明かりだけが唯一の希望と言えるほど夜の闇は不安で恐ろしいものです。

ゴツゴツした地面に寝付くことは難しく、闇夜の恐怖で神経は昂《たかぶ》り、仮眠をしては数十分ごとにどうしても起きてしまいます。ただ沢のゴーゴーという水の音だけが辺りに響きます。

大自然の中の孤独に心が負けそうになるたび、日本男児、ましてや忍びたるもの、山籠りくらいせんか！と自分を奮い立たせました。

そして深夜になり、うつらうつらと眠りにつこうとした矢先、何者かの足音が「ザッ…ザッ…ザッ…ザッ…」と私の枕元に近づいてくるではありませんか。

しかし、この深夜の山中に人が来るはずはありません。脳裏をよぎったのはキャンパーを狙っ

忍びの山籠り

伝統的な道具を駆使し、忍術的な世界観の下、サバイバルに挑戦した。❶飲み水の確保。❷鏺で薪を小さくし、焚き火の用意。❸アカソ、❹セリ、❺オオバコ、❻ギシギシの新芽などを採り、❼味噌汁を作成。❽飯盒炊爨で玄米を炊く。❾麓の沢の近くに張った陣。

4

5

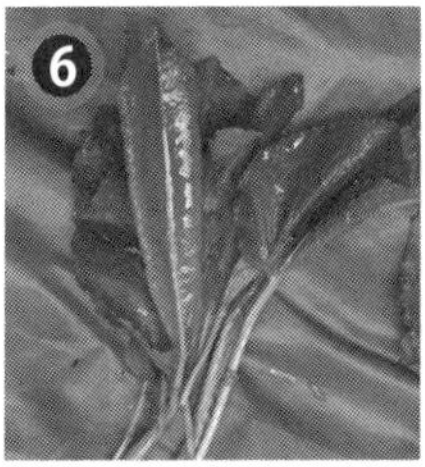
6

7

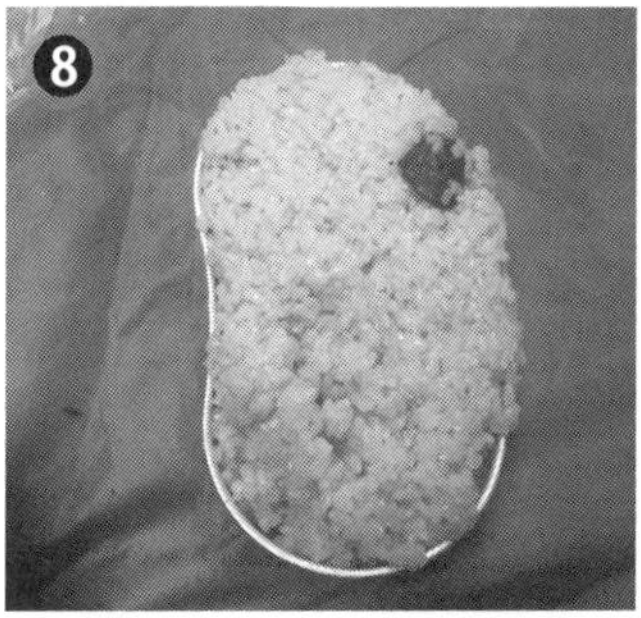
8

9

た強盗か野生動物か、はたまたこの世のものではない何かか……。

身の危険を感じ、とにかく寝ている場合ではないと飛び起きました。

「だれか!?」

暗闇に尋ねた瞬間、近くの崖から下の沢に岩がドボーンッと落ちる大きな音がしました。

もちろん周りには誰もいませんでした。

このとき、私は人間の感覚について深く感じ入るものがありました。つまり、私が夢現《ゆめうつつ》の中で何者かの足音を聞いたのは、私の潜在意識が落石の危険を察知して、それを「何者かの足音の恐怖」として顕在意識に知らせたのではないかと思ったからです。

それほどまでに山の中では感覚が鋭くなるのだと思います。

熊に出会う

この山籠りの経験からしばらく経ち、もう一度挑戦しようと思ったときの話です。

山に対して自信をつけた私は、さらに修行を深めようと夜の山を一人で進みました。暗闇の中を孤独や恐怖と闘いながら、目的の東屋まで向かおうと中腹まできたとき、3メートルほど先の草むらがガサガサと鳴っていました。

嫌な予感がして立ち止まった瞬間、その草むらから真っ黒く長い鼻が顔を出し、それがクルッとこちらを覗き目が合いました。

「熊だ」

私はその瞬間パニックに陥りながらも、なんとか気持ちを抑え、野生動物に遭遇したときの基本を思い出しながら静かに後ずさりました。

そして熊は急な下り坂は苦手だということを思い出し、幸い後方が急斜面だったので滑落しないギリギリのところを飛び降りるように駆け下りました。それでも暗闇ですからある種の賭けでした。

何とか逃げ切り無事下山に成功。その日は心も乱れてしまいましたので、撤退することとしました。

おそらく、山の神様に己の慢心を諫めていただいたのでしょう。この経験から、神仏への畏敬の念の大切さを改めて理解したように思います。

山修行を通じて体得したもの

山に入ると平たい場所のほうが珍しいので、平らな場所には「～平《だいら》」といった名前が付きます。傾斜しかないような環境に身を置くと、人間は歩き方も山に順応したモードになります。無理に二足歩行するより、手を地面について四つ足で登ったほうが楽だったり、不安定な足場にさまざまな角度で足を運ぶことで膝が本来の働きをしたり、バランスを取ることで徐々に潜在能力が開花していきます。

また、山では都市空間の持つインフラから離れることで、人間本来のリスクにさらされます。当たり前ですが怪我をしても救急車はすぐには来られませんし、コンビニも自販機も人通りもありません。普段は社会が代わりに守ってくれている責任が、全て己の手中に返ってくるようなものです。

そういう場所に身を置くことで、意識的にしろ無意識的にしろ、本来の感覚を呼び覚まされるものだと思っています。

真言を唱えて気合をかけ怪我の痛みを消すといった修験の呪《まじな》いは、こうした環境では本当に

山に伏せる修験の修行

忍びとも深い関係を持つ修験道の世界。
山修行では傾斜しかないような、また野生動物に遭遇するような環境にて、徐々に本来の感覚が呼び覚まされていく。

効力を発揮します。

考えてみれば、古《いにしえ》の忍びの世界とはそういったものだったはずです。山に入らなければ見えてこない世界がそこには確実にあります。

【四ノ巻】

印と気合

印と忍術ついて

世間の多くの方は、忍者といえば印《いん》を組んでドロンロンと消える姿を想像するのではないでしょうか。

忍者を題材にしたキャラクターは、よく何かしら手で印を結んだポーズで描かれます。世界的に有名になった忍者漫画『NARUTO』でも印を組んで火を吹いたり、何かを呼び出すキャラクターたちの姿が象徴的に描かれています。

こうした作品の影響もあってか、海外の人々にも「忍者は印を組む」というイメージが定着しています。

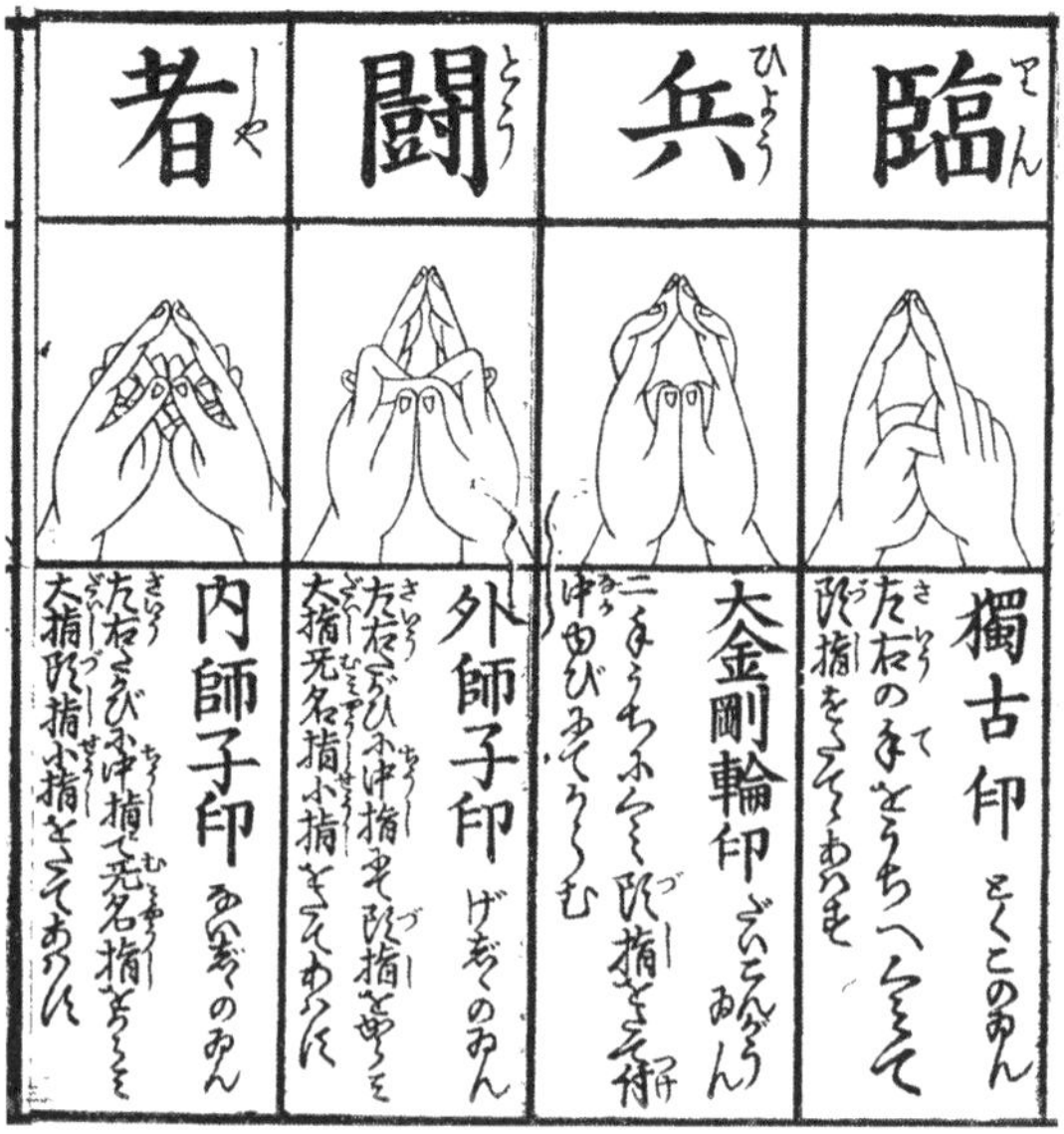

（上右）ドイツ遠征中に街で見かけたポスター。ヨーロッパで忍者漫画といえば今でも『NARUTO』が絶大な人気を誇る。
（上左）「見立三十六句選（天竺徳兵衛）」絵師：歌川豊国（3 代）1856 年（出典：国立国会図書館）。
（下）『九字護身法』博文堂庄左衛門 1881 年 2 月。

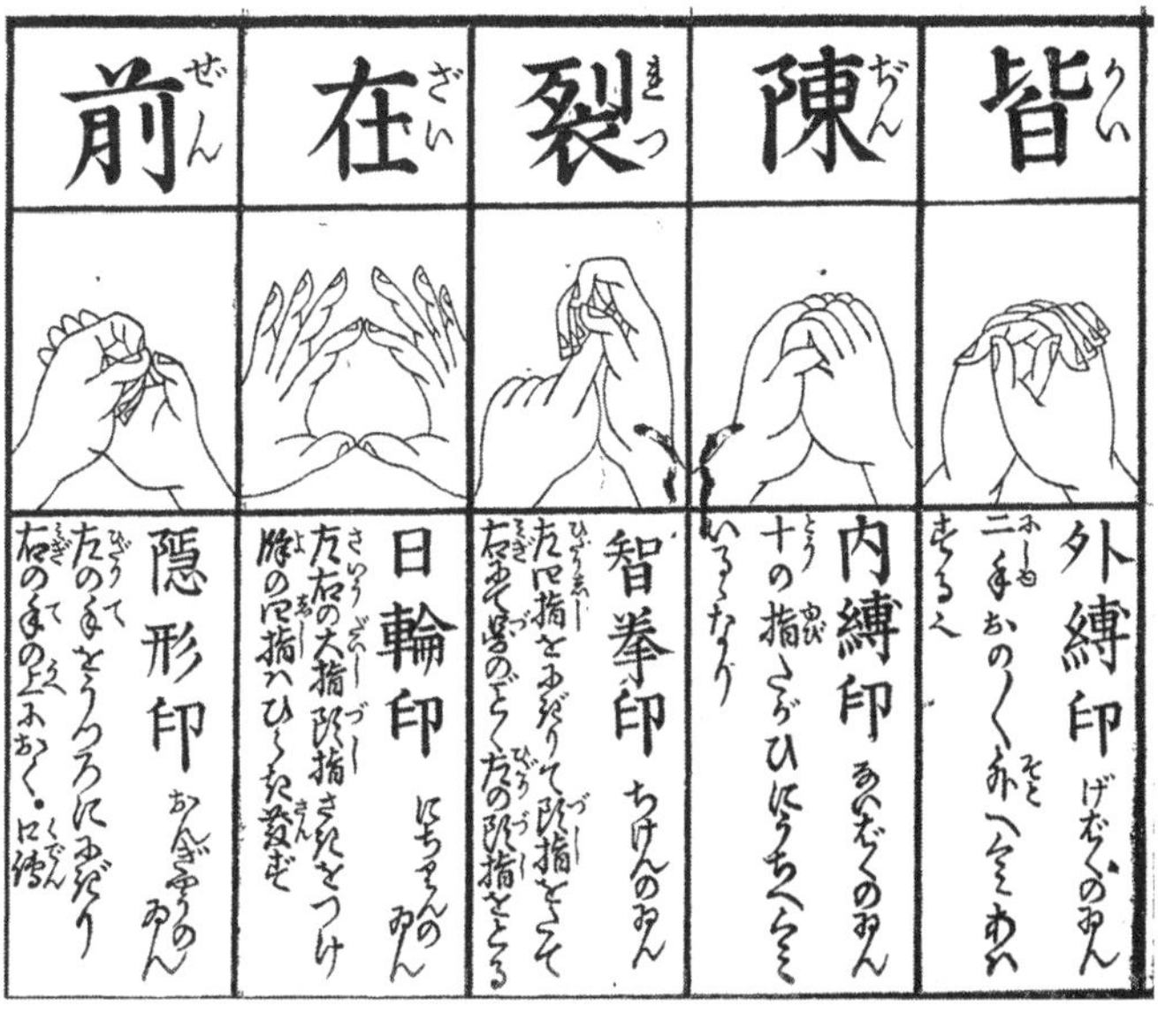

翻《ひるがえ》って日本においては、江戸時代の浮世絵でもすでに大蝦蟇に跨《また》がって口に巻物を咥え、手に印を組む忍びの姿が描かれています。

日本中、世界中で世代を超えて忍者を示す記号としての印を結ぶ姿があり、その不思議な所作が忍者のミステリアスなイメージを強く形作っています。

この辺りの忍者像の変遷については、三重大学の吉丸雄哉、山田雄司、両教授のご研究による『忍者の誕生』(勉誠出版)に詳しいので、ご関心のある方はご一読を推奨します。

さて、実際のところ史実としての忍びがそのような印を本当に結んでいたのでしょうか。その様子は資料から読み解くことができます。

基本的に軍法や兵法の中には、九字護身法や摩利支天秘法といった密教的呪術が盛んに採り入れられていましたから、忍術の関連資料にもそのような密教や修験道的なものが散見されます。

三大忍術書の筆頭に数えられる『万川集海』では敵から身を隠す「隠形術」についての項目で、摩利支天隠形印を結び、「ヲンアニチマリシエイソワカ」と隠形の呪いを唱え続けることにより、敵から身を隠すことができると説いています。摩利支天は古来より陽炎の化身として篤く信仰されていますから、その印形と真言によって敵から身を隠す力を借りられると信じられたのでしょう。

また、紀州藩に伝わった忍術傳書『正忍記』には、「七方出《しちほうで》」という、いわゆる敵地潜入のための変装術の中で、出家や山伏の姿に変装する教えがあります。人々の信用を得て取り入るためには、姿だけではなく実際に仏教の教養を身につけておく必要があったものと思われます。かくして、さまざまな理由から、こうした印に関する教養が忍術に採り入れられたものとも考えられます。

印を学ぶ

私の体験に話を移したいと思いますが、初めて本格的に印のことを学んだのは、忍者の業界に入ってしばらくした頃でした。

国内外のツアーやあらゆる媒体で忍者の印について解説するにあたり、きちんとしたものを伝えなければという思いがあり、常々本物を学びたいと考えていました。

この頃はまだ忍者学というものも立ち上がったばかりで、学術的な忍者の資料などはほとんど世に出回っておらず、まだまだ手探りの時代でした。

そんな折に、ご縁のあった真言宗の僧侶の方から印や瞑想について学ぶ機会を得ました。もちろん密教についての内容ですから、在家である私が全てを明け透けに教えてもらえるわけではありません。越法《おっぽう》にならない一般教養の範囲ではありますが、深い神仏の世界をご教示いただき、印や瞑想について学ぶことができました。

その後、羽黒修験の長谷川智先生とのご縁で修験の火渡りや滝行に参加させていただいたり、忍道の発足にともない、宗師家の川上仁一先生より忍術に伝わる印や瞑想法なども教わりながら、徐々にこの世界について知ることができました。

残念ながら真言宗の僧侶の先生は数年前に遷化《せんげ》されてしまいましたが、忍道の教えと並行しながら今でも大切に実践しています。

令和5年「遣独使節」

❶令和５年10月、「忍道」師範忍を務める相模師とともにドイツ遠征。❷ドイツポラリスコンベンションにて、ドイツのちびっ子鬼殺隊と忍者体験で文化交流。❸ドイツといえば黒ビールも満喫。❹ドイツベルリンにある「サムライミュージアム」にて大盛況のうちに開催された忍者セミナー。

印を結ぶ

まずは印の意味と効用について理解を深めます。

忍者になってみたいという方の中には、印のポーズの格好良さから関心を持たれる方もいらっしゃることと思います。それはそれで良いことだと思います。しかし、せっかくこの業界に関わったのでしたら、単なる格好良さだけのポーズではないということも理解されたほうが、より深淵な忍びの世界を知ることができると思います。

まず手始めに、手と心の状態というものは実は密接な関係があるということについてお話ししたいと思います。

意外に思われるかもしれませんが、心が緊張しているときに手に汗を握るように、心の状態は手の様子に思う以上に色濃く反映されるものです。

逆に言えば、手の形から心の状態を作り出すこともできます。

実は手のひらに対して、脳はかなりの部分を使っていると言われています。有名なペンフィールド医師のホムンクルス人形のイメージを見てみましょう。

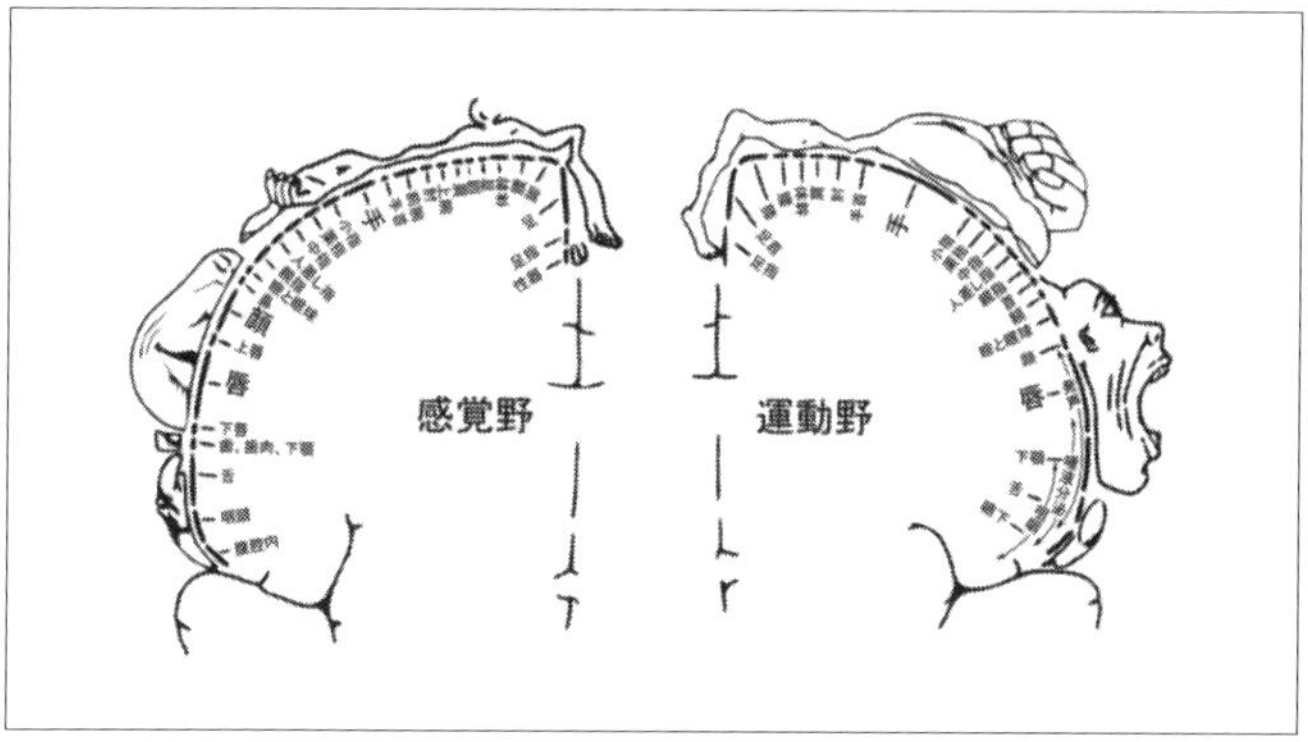

指の働きと大脳皮質の領域

ペンフィールドのホムンクルスのイラスト。

このイメージは、ヒトの大脳皮質に電気刺激を与えて、「運動野」や「体性感覚野」がどの部位に相関があるのかの検証に基づいて、人体の各部分の大きさが大脳皮質運動野の受け持つ面積に対応するように描かれたものとして有名です。

指の働きというものが私たちにとってどれだけ大きな存在なのかを知るのに良いイメージ図だと思い、印の話の中で度々引用しています。

ここで、これらの関係を理解するために試してみてほしいことがあります。

まず両手を広げて頭上に高く挙げ振ってみてください。その状態で悲しいことを想像しようとしてみましょう。いかがでしょうか。とても難しいはずです。

では次に、両手をダラリと下げ、目で下を見ます。とても楽しいことを想像して心を盛り上げようとしてみてください。こちらも大変難しいと思います。

両手を挙げて振り、楽しいことを思い浮かべたり、両手を下げて悲しいことを思い浮かべることは普段通り容易にできるのに、手の動作を逆にするだけで案外難しいことに気づくと思います。このように、手の状態と心の状態のつながりを理解していきます。

ここまでなんとなく理解されているという前提でお話を進めます。今度は「刀印」という刀を形作る印を結んでみましょう。

本当は手順がありますが、ここでは簡易的に両手でピースを作り、人差し指と中指を揃えて閉じます。右手を胸の前に置き、左手を右手の上からかけます。この状態で気持ちを鎮めてゆきます。

今、形作っている印は摩利支天や不動明王から授かった神聖な剣である、という観想ができればなおよいと思います。

するとこの刀印から得られる心のフィードバックはどうでしょうか。剣の持つ勇ましさで身体は温かくなり、いつでも動ける感じになりませんでしょうか。そして、心はその温かさに反し、冷静で周囲を見通せる落ち着きが得られているはずです。

刀印にはこのような一種独特の心身の状態を作り出す効用があります。

さらに、この刀印と身体の中心軸を平行に揃えてやや腰を落とします。肩から肘にかけて気を下に落としてゆくと、どんどん刀印の軸が強くなっていきます。こうすると、仮に印を上から押さえられてもびくともしなくなります。身体の中心から末端である印の指先まで統一されて構造としてとても頑丈になります。

すなわち心も同様というわけです。もちろん、心身を自己観察できる繊細さや効果を実感できるだけの感覚を得るには個人差もありますし、それなりの修行が要ります。しかしこの精妙

刀印／不動根本印

（上）ドイツベルリン「サムライミュージアム」での忍者セミナーにて。刀印を結び腰を落とす。
（下）柏豊稲荷神社　柴燈護摩火渡修行にて火渡りの直前、真言を唱え不動根本印を結ぶ。

さを得てから、次にお話しする気合の稽古をすると面白い世界が拓けてきます。

気合を発する

気合は忍道の修行の中でも比較的初めのうちに習う鍛錬法です。身体に充実した気を動作として発する技法です。

稽古のやり方はこうです。

前の項で説明しました刀印を結びます。呼吸と共に気を鎮めます。その後、身体を右半身に構えつつ、右手を左手から抜き出し前方へ突くように構えます。左手は鞘を納めるように左腰へ。右手を用いて、剣で前方を縦に斬るように振り下ろし、同時に「エイ！」と腹から声を出します。

この真剣を振るかの如き動きと、迷いのない心、エイという声とが、ピッタリと過不足なく一致したものが気合となります。

これが上手くいくと、下丹田に集約感が生じ、身体が温かくなります。また、逆説的にこのときは丹田で刀印を振り下ろしたとも言えます。

稽古の上達を測るために、この印を押さえられても斬り下ろすことができるのかを練習したりもします。もちろん腕相撲のような勝負をするわけではありませんが、片手で力強く押さえられても意に介さず下ろせるのかというところが、一つの上達のバロメーターというわけです。

ここが理解できたという前提で次の稽古に移ります。

忍道では気合法の稽古に二伝があります。

一方を「有声気合」、もう一方を「無声気合」と言います。つまり声のあるなしです。

先ほどと同じ刀印を結んだ半身の姿勢から「エイ・ヤー・トウ・ハ」の四つの掛け声を、それぞれ息が途切れるまで全力で腹から声を出しながら行います。

無論、腹から声が出ていなければ、すぐに喉を痛めて声が枯れてしまいます。これを丹念に行うことで、雑念を祓い、腹を括るような不断の決断力をも養っていきます。

これよりさらにキツいのが無声気合です。有声気合のように大声を発するのと同じだけの圧力をかけつつ、声を止めて内圧を高め、指先から前方に気合をかけていきます。

声を出さずに全力で「エイ・ヤー・トウ・ハ」をそれぞれ息が途切れるまで行います。頭に

気合一閃

刀印を結んで気合と共に斬り下ろす。

血が上ってクラクラしますから、注意が必要です。必ず指導者の下で行っていただきたい稽古です。

しかし、この鍛錬の効果は絶大で、下丹田の集約はもちろんのこと、漲る気迫で相手が気圧《けお》されるほどの迫力も出すことができます。この気迫を養った上でいわゆる気合がけを行うと、声そのものが敵を圧する武器にもなるわけです。

忍術傳書『万川集海』の中に記される、俗に「忍びの三病」と呼ばれる教えがあります。

「一に恐怖、二に敵を軽んず、三に思案過ごす。この三つを去りて、電光のごとく入る事速やかなり」

つまり、恐れ、侮り、考えすぎ、の三つの心を病と捉え、速やかに忍び込む際に妨げとなるものだと戒めているのです。

敵地に忍び込むという命懸けの作戦に際して、心を平穏に保ち、冷静かつ勇気を持って臨むには、神仏の加護を観想し、印を組み、気合や胆力を練って向かったに違いありません。

また、実際に敵から身を隠す際にもこの印を使った瞑想状態で気配を殺し、長い不動の時間に耐え、そして万が一、敵と出会《でくわ》してしまったときには気迫で圧倒して逃げ去るといったこともあったであろうことは、容易に想像できます。そんな古の忍びに思いを馳せ、修行しています。

今日では単に気合というと、ただ声を張り上げることを指してしまいがちですが、古伝の忍術の世界にはこれほどまでに鮮烈で奥深い世界が広がっているということを、ご紹介できたのであれば幸いです。

【五ノ巻】

忍者食と断食

忍びと食料

飢渇丸と兵糧丸

忍者研究者の福島嵩仁氏より頂戴した傳書通りのレシピによって作られた飢渇丸。甘味もなく決して美味いものではないが、不思議と腹持ちがよく空腹感が消える。

忍びは単独から数人といった少人数で作戦行動をとります。敵陣に近付き、何日にも及ぶ任務を遂行したことでしょう。そのため食事については多くの工夫がありました。

『軍法侍用集』という傳書にある忍びの食料に関する項目を見てみると、炊いた米を乾かして作る保存食の糒・乾飯《かれいい》や、アラメ・ワカメといった海藻の乾物を携帯していたことが記されています。

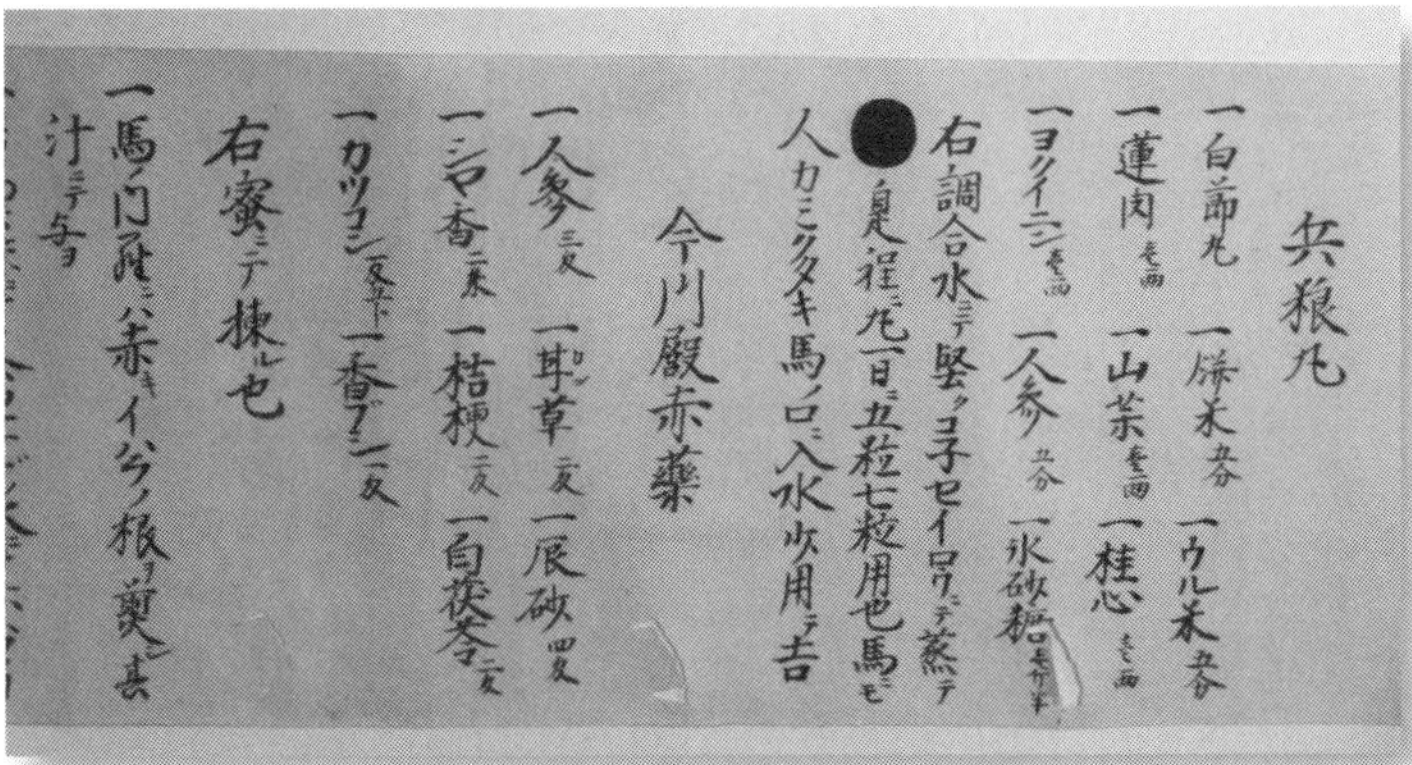
兵粮丸
一白節丸 一糯米各 一ウル米各
一蓮肉壱両 一山薬壱両 一桂心壱両
一ヨクイニン壱両 一人参五分 一氷砂糖壱斤
右調合水ニテ堅クヨ子セイロウニテ蒸テ
是程ニ丸ニ而五粒七粒用也馬モ
人カミクダキ馬ノ口ニ入水吹用テ吉
今川殿赤薬
一人参三夂 一耳草二夂 一辰砂四夂
一シヤ香二夂 一桔梗二夂 一白茯苓二夂
一カツコン五夂下 一香ブシ一夂
右寮ニテ捩ル也
一馬ノ口開ニハ赤キイ公ノ根ヲ煎ジ長
汁ニテ与ヨ

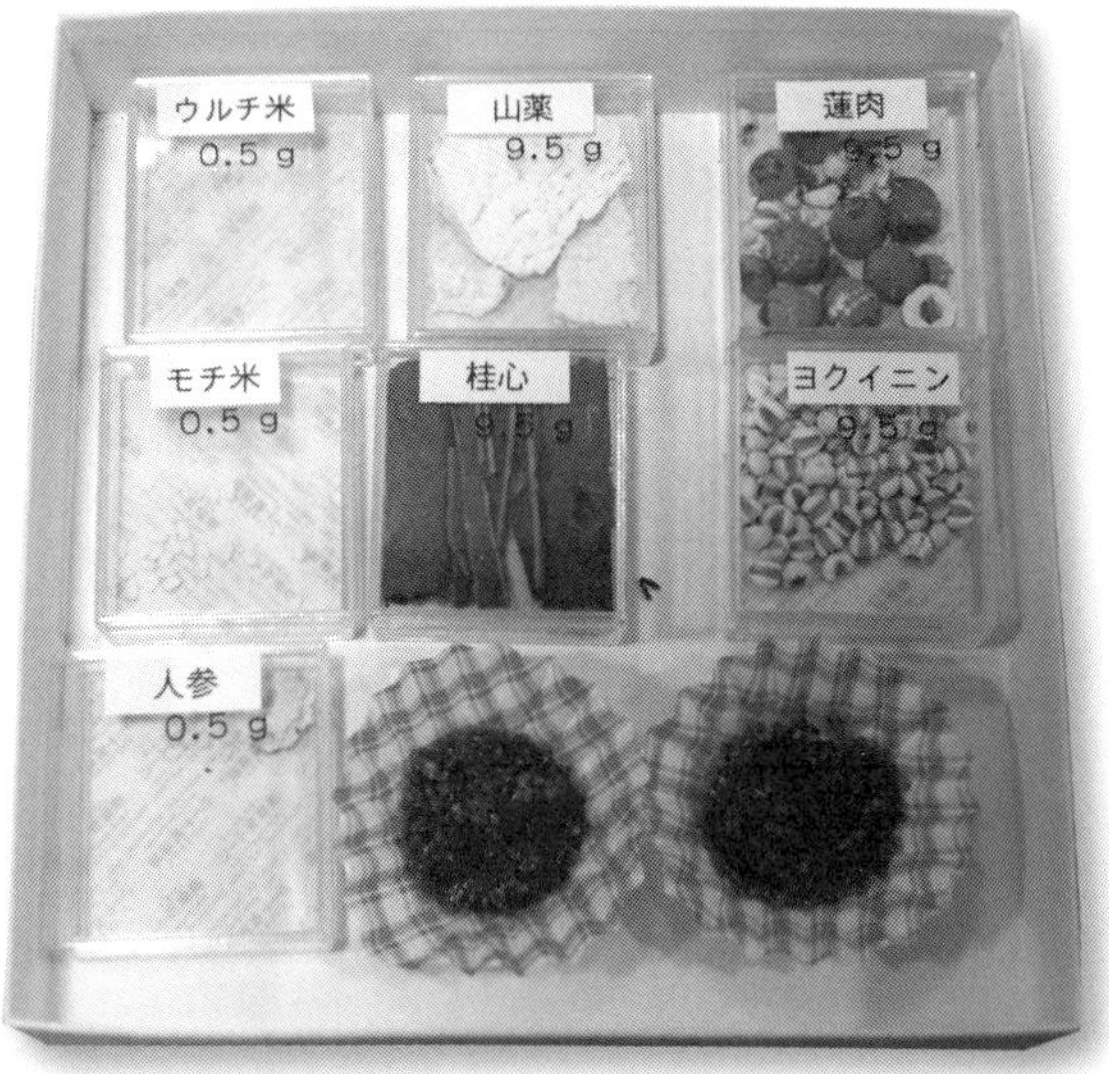

『甲州忍法伝書老談集』に記されているレシピを元に、三重大学・久松眞名誉教授が試作した兵糧丸とその材料［モチ米、ウルチ米、蓮肉、山薬、桂心、ヨクイニン、人参、氷砂糖］。

これらは水があれば簡単に戻して食べることができますし、何より軽量で日持ちもします。塩分もあって風味も良く、栄養補給に優れたものです。

また、「兵糧丸《ひょうろうがん》」と呼ばれる携帯食の教えは、傳書や流儀によっても製法はさまざまですが、目的に応じて独特な材料を用いて作られたことが確認できます。

基本的に蕎麦や晒米、肉桂《にっけい》やヨクイニン、梅肉や松の実などを焼酎や酒で混ぜ固め、ときに蜂蜜や氷砂糖なども混ぜ合わせ、団子状に整形し乾燥させて作り、食せば多少動くのに十分なカロリーが得られます。また、和漢方の効能も得ることを狙った工夫と思われます。

『万川集海　軍用秘記』のレシピ通りに作った、山薬（ヤマイモ）やヨクイニン、蕎麦粉と古酒などを使用した「飢渇丸《きかつがん》」を長距離歩行修行中に食べてみたこともありますが、全く美味いものではありませんでした。ですが、不思議と空腹が紛れる効用は体感できました。

変わったところだと、忍術書の『忍秘伝』に「仙方妙薬」という薬の製法が記されています。昔、唐の国で大旱魃《かんばつ》があり、人々が飢饉に苦しんでいたとき、白山の麓に住む老人が帝に仙力のある不思議な妙薬を知っていると伝え、これさえあれば食べなくても健康に暮らすことができると説いたとされるものです。

黒大豆と麻実を粉にして拳大の団子にして、甑《こしき》で蒸してからさらに乾燥させて、粉にして摂るとのことで、これを用いると空腹の苦痛もなく、最終的に食事を一切とらなくても色艶は少しも落ちず、普段のように働くことができるといいます。

制作の上で呪《まじな》いのような工程があることや、麻の実の麻薬としての薬効も含むと思われることから、その効果を額面通り受け取るには俄には信じ難いものではあります。

一器を以て諸用に弁ずる

さて、このような食に関する術の再現や考察も大切ですが、一方で兵糧丸といったものが、わざわざ忍術書に書き残された意義について考えてみましょう。

忍びの装備を考える上で、そもそも食糧を持ち運ぶことは大変なことです。身軽でいるためには必要最低限の荷物で動きたいものですから、一人で持っていける道具には制限があります。

当時の忍びに近い服装と装備で野山に入ると体感できることですが、現代のビニールのような水気から密閉できる容器はありません。竹筒や革や布の袋に食料を入れて携帯します。持ち運べる量はたかが知れていますし、雨に打たれれば水が染み込んでしまい、特に夏場では一度濡れた食料は保存が利きません。

実際にこのような稽古を山で検証しますと、忍術書に兵糧丸をはじめ、こうした食料に関する工夫が記されたことにも納得がいきます。

忍術書の『万川集海』には忍びの道具について「一器を以て諸用に弁ずるを巧者の忍びとするなり」と記されています。

なるべく少ない道具で何でもこなせる者が上手い忍びであるということですから、そもそも食料に割けるキャパシティはかなり少ないといえます。

そこで重要となってくるのが、本章のテーマである、飢餓に耐える「断食」というわけです。

断食を始めたきっかけ

私が最初に断食に挑戦したのは二十代半ばの頃でした。

当時は忍術の修行というより、生きるために「食う」ということはどういうことかという、哲学的な関心から事は始まりました。

「食わないと死ぬ」

当たり前とされるこうした摂理を根底から疑ってみたいという思いや、他の生命を殺して食べているこの食事という行為の罪悪感など、何かと食が関心事でした。

また、松聲館《しょうせいかん》の甲野善紀先生との交流の中で、玄米雑穀を中心とした食事やさまざまな健康法をご紹介いただき、その実践の中で得た身体や感覚の変化もありました。

また「不食」と呼ばれるほとんど全く食べないで生きている人たちの本が話題となっていて、自分も食べないことへの好奇心に駆られていました。

はじめての断食

はじめのうちは幾度か1日〜7日ほど水のみで食事を抜いて、体重や感覚など心身に起こる変化を観察してみました。

やってみると、慣れるまで頭痛や眩暈《めまい》が起こることや、慣れてしまえば空腹はそんなに辛くないことが見えてきました。

それよりも断食の一番の敵だと感じたのは「暇」です。

断食をすると気づくことですが、人間は1日のうち、食事に結構な時間を割いていて、その時間に何もすることがなく、ただ自分の空腹と向かい合うことになります。

入院中のような環境で安静に断食をするイメージを持たれている方も少なくありませんが、私は断食中には普通に仕事や稽古をして過ごします。何もせず、空腹と向き合うと食べ物のことばかりが浮かび、大変苦しくなります。

そして断食を終えた後は「梅湯流し」といって、梅干しを煮た湯を丼に五杯ほど飲みながら、少量の生野菜や味噌を食べるということをします。

これはよく仏教式の断食修行で用いられるもので、腸内の宿便と呼ばれる排泄物を梅湯の酸で溶かして洗い流してくれるのです。

ただ、時間をかけてゆっくりとはいえ、丼に五杯も梅湯を飲むのは少し大変です。これが上手くいくと厠《かわや》との間を幾度も往復することになります。

体内の老廃物を全部出し切った感じがして、肌艶は明らかに良くなります。この爽快感は代え難いものがあります。

1ヶ月断食修行

忍道の師範になるにあたり、総師範の川上仁一先生にお会いしてお稽古をいただいていた期間に、断食行のご経験について伺いました。先生の著書で1ヶ月の断食をされたということを知っていたので、どうしても聞いてみたくなったのでした。

すると「ひと月食わないなんて、別にわけないことだから習志野さんもやってみたらいいですわ。やってみたらわかる」とおっしゃるのです。

ケロっと当たり前のように凄いことを……！

そんな風に思ったのを覚えています。

今思うと、その簡単なお言葉の中にある、言葉にできない修行の在り方が以心伝心で伝わったように思います。

「よしやろう！」とそのとき誓ったのでした。

とはいえ下手をすれば命の危険もあることです。修験道などの祈願・勤行の教えでは「三七《さんしち》日《にち》」といって、３週間の21日間を上限として行われるものですので、その先は伝統的にも古来より挑む者は少ない日数となります。

初めてひと月の断食に挑んだのが２０２０年の2月。このときは、周りの人に黙って行いました。要らぬ心配をかけることになるし、止めにくる人も出てくるだろうと思ったからです。

この話が世に出たときに、少なからず良くない影響を与える可能性も考慮しての判断でした。そして万が一体調を崩したら、続行できるか否かをきちんと見極めて、危ないと感じたらすぐに中断しようと決めていました。

これまでの修行や短期間の断食の経験を通じて培った感覚を用いて、違和感に対して敏感に反応して自己観察し、すぐに退く勇気も必要でした。つまり全く舐めておらず、それなりの覚悟はしていました。

断食実践の体感

最初の1週間は頭痛や吐き気といった体調不良が徐々に出てきます。体は低血糖状態に慣れるまで、さまざまなシグナルを出して何か物を食べるように働きかけてきます。気分は菩提樹で瞑想中に悪魔にそそのかされるお釈迦様です。

2週間目は低血糖にも慣れて、平気になってきます。ただ、携帯電話の省バッテリーモードになったような感じで、ずっと気怠いけれど動けるという独特の感じになります。少しの運動ですぐに息は上がるけど疲れはしない不思議な感覚です。

このモードになっているときは極力稽古など運動をするようにしていました。忍びの修行としてはここで動けるということを求めているからです。レスリングや剣術といった激しい稽古

2020 年の断食中 13 日目。この日は午前中レスリングのセミナーから午後の武術の鍛錬稽古会まで参加して、食べなくても動けることを証明した。

忍びの断食ライブ配信

2回目の1ヶ月断食中は毎日YouTubeライブで現場を発信していた。

もしました。さすがにすぐにバテてしまいますが。

また、3日〜4日に一度、便通があります。この宿便の排泄が大変です。便意はあるのに気張ってもなかなか出ないので、トイレに籠ることもしばしば。断食と並行して浣腸について研究している方もいるという話を聞いたことがありますが納得です。

3週間目に入ると、感覚が鋭くなり、特に嗅覚が冴えます。この頃になると食欲というより、味という刺激が欲しくなります。強いて言えば口内の退屈・不快感がピークに達してくる感じとでも言えば良いでしょうか。

感覚の鋭さで言えば、他人の家の前を自転車で通りかかっただけで、その家が玄米を炊

習志野家秘伝「お水定食」

断食中、水しか摂れない著者を見かねて妻が用意してくれた「お水定食」。全て氷と水だけでできている。家族には心配をかけた。

いていることがわかったり、挨拶した人が直前に何を食べていたかも大体わかるようになりました。

ただし、感覚が鋭いことはいいことばかりではなく、電車内で隣の人のキツい口臭体臭を捉えてしまったり、下水溝の香りも遠くからわかるようになります。

そして4週間目。先に述べた三七日を越えてくるので、さすがに身体に悪影響が出はじめました。

一番辛いのがビタミン不足からか歯茎が後退して口内出血したことです。敏感な嗅覚に自分の血の匂いが絶えず立ち込め、吐き気に襲われます。とはいえ吐くものはないのでただ気持ち悪いのです。

また、もうすぐ終えられるというゴールが見えてくるが故の気の緩みからか、食欲が蘇ってきます。

断食中は基本的に睡眠時間も短くなります。おそらく消化にエネルギーを使わないため、5時間寝るとスッキリと目が覚めてしまいます。

これの何が辛いかというと、この長く退屈な空腹時間を潰す方法がないことです。この長く長く永遠に感じるような時間を耐え忍び続けるのです。

ここで川上仁一先生の「わけない」という表現の意味がわかった気がしました。つまり、もし先生が「大変だから覚悟して臨め」とおっしゃっていたら心が折れていたかもしれません。「わけない」と聞いていたから「ナニクソ！」となって乗り越えることができたのだと思います。

重要なのは断食後

断食は終わった後が重要だと言われています。一般的には断食日数の倍から三倍の期間をかけて、重湯など消化によい食事を少量から徐々に通常食へと戻していきます。これを「回復食」と言います。

急に食べるとショックで体調を壊したり、最悪死に至ると言われています。これは「リフィーディンク症候群」と呼ばれるもので、秀吉が兵糧攻めの後に降伏した飢餓状態の兵士に飯を振る舞ったら、みんな死んでしまったという故事が有名です。

よって、この話は絶対に真似してほしくはないのですが、私はある理由から敢えて回復食を挟みませんでした。

私の場合はなんともなく、力強く消化してケロっとしていましたが、普通の方は絶対に回復食を心がけたほうが賢明です。

断食ビフォーアフター

ひと月の断食の前（上）と後（下）では体重が 17 キロも変化した。けれども断食では変化は一時的なものにしかならないので決してダイエットにはならない。

覚悟なくして真似すべからず

こうしたひと月に及ぶ断食を2020年と翌年の2021年の2回行ったわけですが、やはり心境の変化があります。

それは一度長期の断食を経験すると、経験した日数程度まで食べなくても大丈夫だという心の余裕です。もし仮に山中に潜むとしたとき、兵糧丸でもいくつかあれば、食事に関して数十日は楽に過ごせる自信があります。本来、兵糧丸は食べれば誰でも栄養が補給できるというものではなく、栄養吸収の優れた燃費の良いコンディションで用いて、さらには精神的な作用も含めて扱われてきたものと考えています。

最後に重ねて言います。3日程度を様子を見ながら健康のために断食を行うのは推奨していますが、長期の断食行はキツいですし、命の危険も伴う修行でありますので、決して覚悟なく無闇に真似をしないでいただきたいです。これまでの修行によって得た自己観察力と体力があってのものですので、どうかくれぐれも。

【六ノ巻】

傳書研究と実践

忍者を学問する気運

私が忍者の仕事に就いたばかりの2009年頃は、忍者についての公的な学術研究はまだ始まっていませんでした。

もちろん市井《しせい》の郷土史研究や武術研究の中で取り上げられることはありましたし、世に忍者関連の書籍は数多く出ていましたが、三大忍術書（後に触れます）の解説の刷り直しのさらに刷り直しの……といったものがほとんどでした。

ある著名な歴史学者の先生の言によると、歴史学において、忍者の存在自体を否定する学者もいたくらいである、とのことです。

この時期にも、すでにごく一部の優れた解説書はありましたが、そういったケースを除き、当時に手に入る忍者の情報といえば、昭和～平成にかけての忍者研究の言説からの推測や創作、またそれらが混在したものがほとんどであり、インターネット上でも真偽不明な情報が無批判に史実として紹介されているような状況でした（今現在でもそういったYouTube動画やサイトは散見されますが）。

とはいえ、そうした中で忍者のイメージとロマンを膨らませて、自由にコンテンツを作ったり語ることが、ある種の魅力でもあるという業界であったように思います。

例えば、苗字が服部だから忍者の末裔に違いないといった空想を抱いても、なんとなくそうなんじゃないか、で済ますような大らかな雰囲気のある業界でした。

それでもやはり私は本物志向の忍者団体に所属しておりましたので、その当時手に入った情報や、武術業界からの忍者にまつわる逸話などから工夫して、忍者ショーやインバウンド向け忍者体験ツアーを構築し、実演や解説をしていました。

２０１２年～２０１３年、これまでの状況に大きな転機が訪れます。三重大学の山田雄司教授を中心として忍者の学術研究である「忍者学」がスタートしたのでした。

ちょうどこの年に、東京は六本木にて行われました三重県関連の観光イベントで忍者が取り上げられ、講演にいらしていた山田雄司教授と初めてお会いすることになりました。講演を拝聴し、これからは忍者界に学術的なメスが入るということを強く意識しました。

これまで確かなことがよくわからなかった忍者についてどんどん明らかになっていくという期待と、その反面、明らかになることでロマンが失われるのではないかという危機感とのアンビヴァレンスな思いが、忍者事業に従事する当事者として胸に去来していたことを思い出します。

つまり、これから忍者を語るときはソースとなる資料をしっかり勉強していないと簡単に粗が目立つ時代になるという危機感です。先ほど述べたような大らかな雰囲気や、余白の魅力のようなものを奪ってしまうのではないかという不安がありました。

しかしこの流れは留まることを知りません。2015年には三大忍術書の筆頭である『万川集海』の現代語訳版にあたる『完本　万川集海』が出版されました。さらに2019年には同じく三大忍術書の『完本　忍秘伝』が出版されます。

これらは後の国際忍者学会会長の忍術武術研究家としても著名な、中島篤巳先生により国書刊行会から世に出ることとなります。

国際忍者学会

2018年。三重大学を中心として、忍者に関する学術学会としては初となる「国際忍者学

忍者研究最前線

国際忍者学会にて。中島篤巳会長（当時）と記念撮影。

2024 年 9 月 14 日、15 日、群馬県東吾妻町コンベンションホールにて「関東忍びの歴史を追う」をテーマに開催された「第 7 回国際忍者学会大会 」ポスター。

国際忍者学会が発行している会報「忍者研究」第 7 号（2024 年 8 月 31 日印刷・発行）。※国際忍者学会 HP よりバックナンバー含め、購入可能。

会」が発足しました。会長には三大忍術書の現代語訳や解説書を数多く手がけられている中島篤巳先生が就任されました。

国際忍者学会の総会・大会はこれまで伊賀、嬉野、甲賀、常滑といった日本各地の忍者にまつわる地域で開催され、また年に一回発行される学会誌には最新の研究発表や学術論文、新発見の忍術傳書の翻刻などが掲載され、忍者研究の最先端に触れることができます。

国際忍者学会の研究会や大会に参加していく中で、忍者界では「忍者とは何か？」という命題を問い直す時期にきたのだと改めて感じました。

「忍者」を学問する運動がますます進みます。忍者という存在は本来極めて曖昧なジャンルです。定義付けするのは極めて難しいことがわかります。史実、創作物、地域性、時代、ヒエラルキー、それぞれが複雑に絡み合いながら、イメージと混在しつつあるものだからです。

これまでの忍者の定義における権威としては、主に映画やドラマ、アニメ、漫画などの創作作品のイメージが世界的にも圧倒的な市民権を得ていました。しかし、興味深いことに近年、その国内外の市民たちの声が大きくなるにつれ、「本当の忍者」に対する関心も高まってきました。

そこには国際化の潮流の中で、画一化し、失われつつある日本文化のアイデンティティを今一度確立したいという欲求があるのかもしれません。

その本質に対する回答を探さねばならぬ時期にきたのだと思います。国際忍者学会で諸先生方の講演を拝聴したときそう強く感じました。これからますます忍者の多角的な研究と再定義が進んでいくものと思います。

三大忍術書

私がしばしば申し上げる「三大忍術書」について、ここで改めて簡単に解説したいと思います。

三大忍術書という単語自体は歴史的に言われてきたというわけではなく、いつからか忍者研究界隈で言われはじめたものです。三大忍術書は『万川集海』『忍秘伝』『正忍記』の三つの傳書を指します。

『万川集海』は延宝4年（1676年）に藤林保武によって書かれたもので、伊賀流と甲賀流の忍術を取捨選択し、22巻にまとめたものです。

忍者の教科書『万川集海』

『万川集海』には、忍びの心得や方法、火術、道具の略図と使用法等が記されており、伊賀甲賀の地で培われてきた忍術という広大な“体験的叡智”の全貌が窺える。

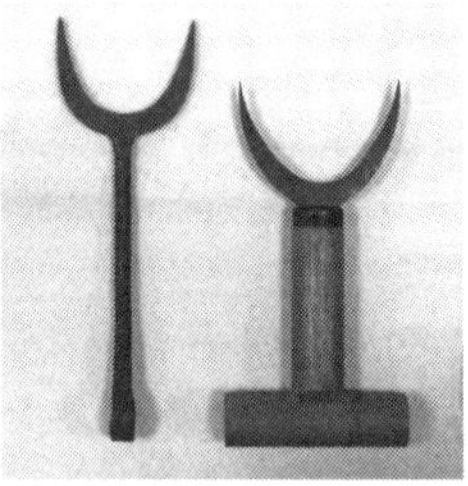

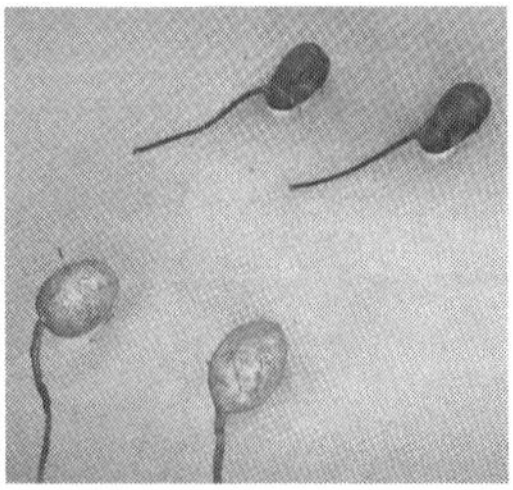

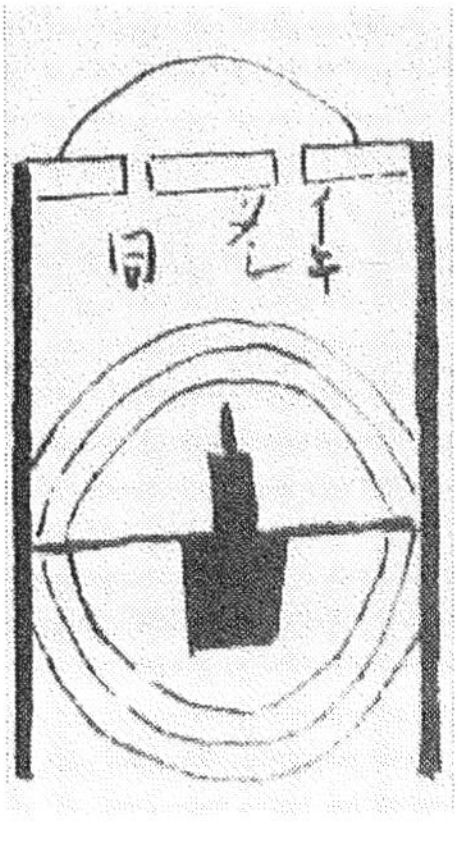

（左）土壁や土蔵に丸い穴を開けるための「坪錐」。
（中）煙幕弾の「鳥の子」（ともに伊賀流忍者博物館所蔵資料）。
（右）『万川集海』に記されている「強盗提燈」図。

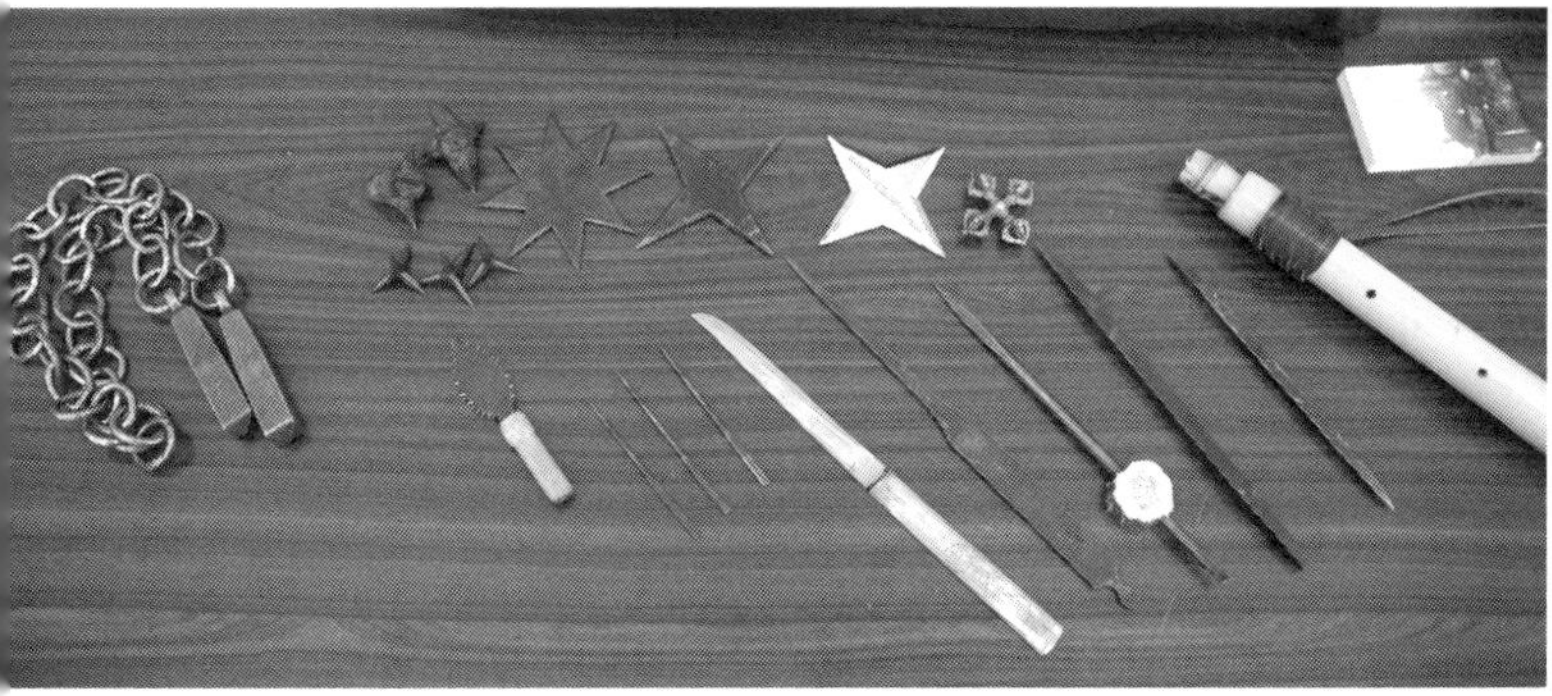

著者所蔵の忍具の一部（鎖分銅、撒菱、車手裏剣、棒手裏剣、錣、打竹など）。

「正心」に代表される忍者の高い精神性を兵法書の「孫子」から引用して論じていたり、教養と格式があります。敵陣への近づき方から隠れ方、開器と呼ばれる鍵をこじ開ける道具の数々や水器や火器の製法に至るまで、忍術に関するあらゆることが記されています。『万川集海』の情報量は忍術書の中でも最大と言えます。

続いて『忍秘伝』は服部半蔵正成によって永禄3年（1560年）頃に書かれたという説がありますが、成立には諸説あり定かではありません。

『万川集海』と比べると全体的にボリュームは少なく、構成も現場の忍びが箇条書きで残したという感じの各論となっており、統一感や格式という面はあまりありません。その分、当時の忍びの息づかいが伝わるような生々しさがある傳書です。縄梯子《なわばしご》や大鋸《おが》といった忍び込みに用いる道具の具体的な絵図や製法並びに使用法が数多く記されています。

最後に『正忍記』についてですが、紀州藩の軍学者「名取正澄」によって延宝9年（1681年）に書かれました。忍びが持つべき基本的な道具である「忍び六具」や七つの職業に変装する「七方出」が有名です。

敵の心につけ込んで隙を突くような教えも多く、「心相」といって心の状態や癖からその人が口を滑らせるように仕向ける心理学的教えが多く登場します。

道具を用いて個別具体的な術の解説をする『万川集海』や『忍秘伝』とは対照的に、巧みな話術の交渉で人の心にアプローチするような教えを解く、趣のある傳書と言えます。

忍術書勉強会

こうして、国際忍者学会の発足や忍術書の現代語訳が出版される中、実際に関心を持ってこの分厚い忍術書の翻刻を買ったはいいものの、内容が専門的でなかなか読み進められないとい

みんなで輪読・解読

忍術書勉強会にて輪読をする参加者の様子。

三大忍術書のうち、発売された完本『万川集海』と『忍秘伝』。

う声を受けました。

そこで「忍術書勉強会」という講座を企画し、『完本　万川集海』や『完本　忍秘伝』の内容をみんなで輪読するという会を、２０１８年頃から定期的に開きました。

コロナ禍においては社会情勢的に実際に集まって輪読することが叶わないので、ウェビナー形式での開催も行いました。その結果、忍術書に関心のある全国の忍者ファンの方々も参加されての輪読会となりました。

たくさんの人が関わって輪読をすることでよかったと思えたのは、解釈についてのディスカッションや意見交換をすることで、多角的に傳書を捉えることができた点です。

例えば、『万川集海』の開器（家屋に侵入する際に使う忍びの道具の総称）に関する項目では、建築用語が登場します。「枢《とぼそ》」などといった一般ではイメージがつきにくい用語も、建築に携わったことのある方の参加により、その構造について解説してくれたり、また占いを専門とする方の参加があった際には、天事を占う「遁甲《とんこう》」についての箇所で、干支や方角から占うことについて詳細な解説を行ってくれたりと、大変有意義な意見交換ができました。

こうしたイベントに関心を持って参加する方々が多くいることを意外に感じながらも、座学の魅力に可能性を感じていました。

忍道発足時の記念撮影、川上仁一宗師家と山田雄司教授とご一緒に。

「忍道」の発足

こうした学術的な忍者へのアプローチの気運の中で、２０１９年に日本忍者協議会より国内に、世界に、そして未来へと「正しい忍術」と「忍びの精神」を伝えるための取り組みとして「忍道」が発足し、現在私も参加して師範を務めるに至っております。

忍道では江戸時代以前の忍術資料を参考として、川上仁一宗師家の口伝や実伝と、三重大学山田雄司教授の監修を経て稽古内容が構築されています。

忍道には陰忍と陽忍の二本の柱があり、陰忍は実技であり、陽忍は座学に相当します。この実技と座学の両面をバランス良く学ぶことが推奨されています。

さて、私は当初、学術研究が進み、忍者についての真実が明らかになることで、これまでのロマンに彩られた魅力がなくなってしまうのではないか、という懸念を抱いていたことを冒頭で述べました。しかし、たくさんの資料や研究に触れていくにつれ、逆に可能性の広がりを感じ、最近ではそうした懸念は払拭されつつあります。

ある意味で、これまでのあやふやな情報に基づく忍者像では可能性が頭打ちだったようにも思います。日本文化としてきちんと胸を張って紹介するには、やはりソースをしっかりと提示できることが重要だと思います。

その上で再びイメージを膨らませ、魅力的なコンテンツや創作に活かしていくことが、今後の忍者界を生きる者の使命なように思います。

「自見火」の教え

忍道では陰忍と陽忍、つまり実技と座学の両面が推奨されることはすでに述べました。どち

『忍秘伝』に記載されている火箱という道具。
材質や寸法に至るまで読解と工夫をして再現した。
それを用いて火起こしをする著者。

火術の実証

らが欠けても本当の部分は見えてこないからです。

以前、川上仁一宗師家による火術に関する研修を受けたとき、「自見火《じけんび》」という言葉を教わりました。

これは火薬の調合などは実際に行って効果を確かめ、自ら経験をしなければ、本当のことはわからない、というものでした。実際、忍術書に書いてある通りに行っても少しのコツの違いで失敗してしまいます。

この自見火という言葉は火術におけるものですが、他の物事においても同じくする、本質を突くものであると感銘を受けました。

忍術書は読むだけではダメで、やはり試せるものは試した経験がないと「知っている」ことにはならないのです。

我々は知識を入れた程度のレヴェルで知った気やわかった気になってしまうことがしばしばあります。やったこともない仕事を蔑んだり、簡単にできるものと高を括ることもあります。そうした慢心を諫める言葉でもあると思います。

これから忍びの道を歩く上で、数多くの忍術傳書に目を通して、最新の研究に触れ、実際に行えるものは試してみることはとても重要だと思います。その上で新しいアイデアやコンテンツの創作、そして国内外に忍者の魅力を伝えられるものと思います。

これからの新しい忍者像の創造は、我々の興味関心による推進力にかかっているのかもしれません。

【七ノ巻】

忍びと歩行

過酷な移動ミッション

徒歩と武芸は一見関係ないように思われますが、古来より歩く走るという行為は軍事において大変重要な位置を占めてきました。テクノロジーがこれだけ進歩した現在の世界の軍隊でも、徒歩による行軍訓練は必ず行われます。

以前お話を伺ったことのある、陸上自衛隊のとある特別な部隊におられた方によると、数日に及ぶ山中での過酷なミッションの最後に、現地から徒歩で基地まで帰還するというものがあるとのことでした。その距離はじつに100㎞。私にも距離感だけは経験があるので、その過酷さを乗り越えられたエピソードに心底頭が下がりました。

古の忍びも通常では攻略の難しい険路を選び、素早く移動して伝令も担ったことでしょう。江戸時代の寛文6年（1666年）に出版された浅井了意による仮名草子『伽婢子《おとぎぼうこ》』には次のような話があります。

「武田信玄の部下、飯富兵部の下人に熊若という優れた忍びがいた。あるとき、飯富が信玄の出陣に同行した際、旗棹を忘れたことに気づく。すると熊若が進み出て『それがしが旗棹をとってまいりましょう』と言うやいなや走り出した。二時《ふたとき》（約4時間）ばかりで甲府までの往復百里の道を走り、旗棹を取ってきた。ただでさえ困難な距離である上に、警戒の厳しい城内から旗棹を取ってきた熊若に飯富は驚く。しかしその能力が故に信玄公の古今集を盗んだ犯人なのではないかと疑いをかけられてしまう。熊若は真犯人を捕えるべく暇をもらい、遂に古今集を盗み、信玄公を殺そうと謀っていた風間の忍びを捕える」というもの。

この話はもちろん創作なのですが、寛文6年という時代に優れた忍びは早く長距離を走るというイメージがあったことは、とても重要だと言えます。実像の忍びにとっても長距離を移動することが求められていた可能性を示唆するからです。

ここでは私の歩行に関するお話をいたします。

江戸期以前の歩行と忍術

私が長年お世話になっている松聲館の甲野善紀先生は江戸期以前の日本人の歩き方は違った

という説を唱えられ、その内容にメディアが注目していた頃、私もそのお話に衝撃を受けた一人でした。

その後、ご縁あって実際に甲野先生と稽古を共にさせていただいたことをきっかけに、当時の人が着ていた服装や履物で日常を過ごしていますと、甲野先生がおっしゃる、身体をひねらず、手を振らずに歩くということが理解できました。現代風に腰をひねって歩いていると着物はどんどん着くずれてしまいます。

また、甲野先生がご紹介された江戸時代の早道と呼ばれる長距離を凄まじい速度で走っていた人々のエピソードにも胸を躍らせ、想像を膨らませていました。「昔の人はどのように歩き走っていたのだろう」と。

それから数年が経ち、私は忍びの稽古をする中で、三重大学国際忍者研究センターのWEBサイトで気になる記事を発見しました。その一部をここに引用します。

「不及流歩術」なる『武芸』の文献を目にすることができました。『増補大改訂　武芸流派大事典』によるとこの不及流は、『江戸中期の人、岡伯敬が祖。伊賀者の歩行術という』と書かれています。（中略）岡伯敬曰く不及流ならば、「健康（ママ）な人なら一日40里（約160㎞）はたやすい」と言うのです」

不及流歩術の秘傳書

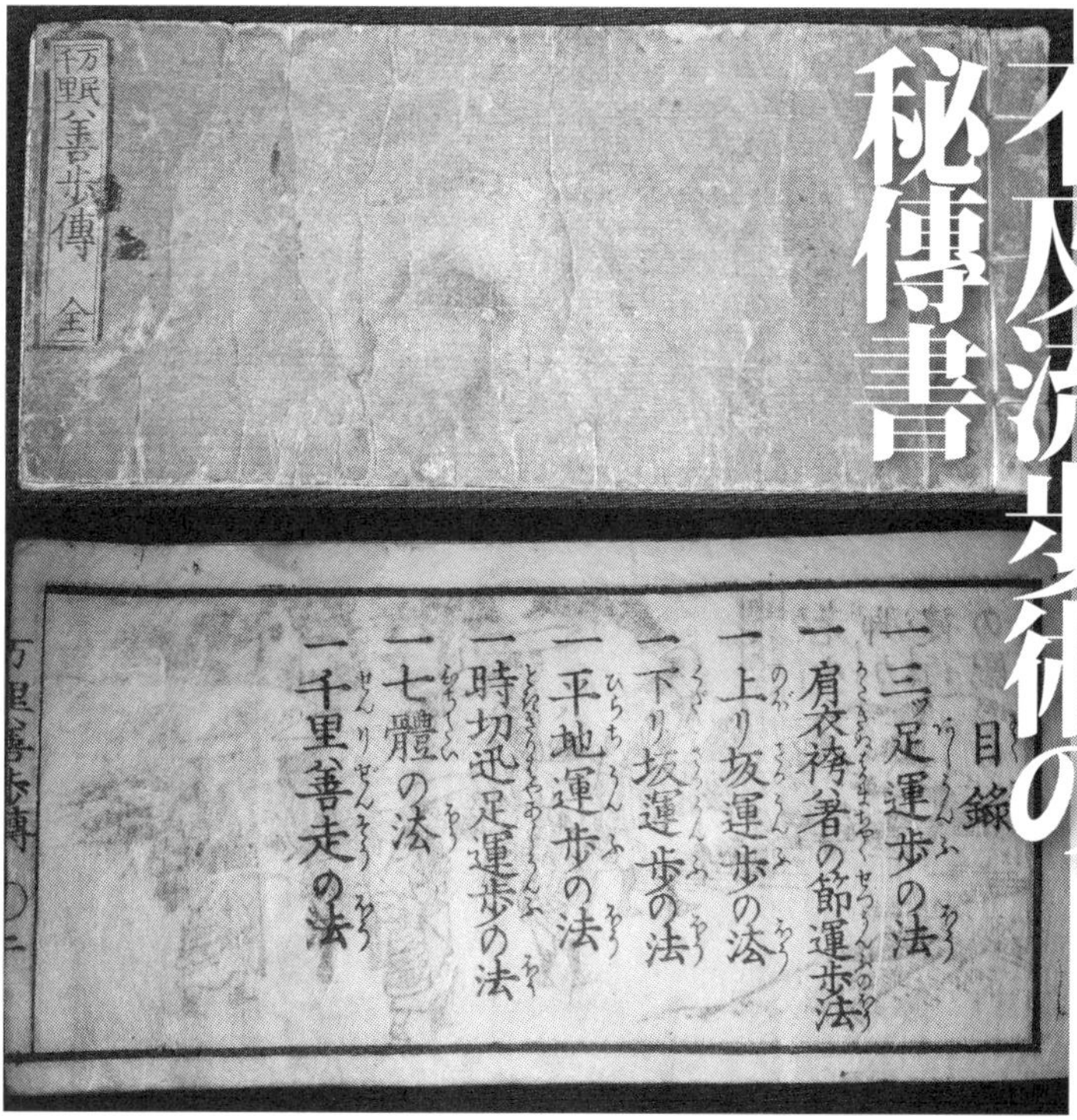

万民千里善歩傳。
一、三ッ足運歩の法
一、肩衣袴着の節運歩法
一、上り坂運歩の法
一、下り坂運歩の法
一、平地運歩の法
一、時切疾足運歩の法
一、七體の法
一、千里善走の法

※本書の巻末に全ページを特別収録！

著者所有の資料に記された下り坂運歩の法絵図。

このサイトで紹介されている不及流歩術は明和8年（1771年）の資料で、岡伯敬が祖。健行《たっしゃ》な人なら1日40里（160km）を移動できるとする驚きの内容です。

この傳書を読んでみたいと思っていたある日、偶然にも「岡伯敬　万民千里善歩傳　全」（文久3年）の資料を発見し、入手に成功しました。さらに調べを進めたところ、ほぼ同一の「不及先生千里善走傳」という資料が国会図書館で確認できるとの情報を得て、二つの資料を比較検討することもできました。私の所有する資料には他にはない絵図が記されていて、技法の復元に大いに役立ちました。

房州廻国修行

2020年の夏に里山武芸舎の生田覚通《あきみち》師範のお誘いを受け、野宿をしながら房州の地を徒歩で廻国する修行に参加しました。3日間で80kmほど歩くものです。

初日は姉ヶ崎から久留里までの27kmほどを歩き、草むらで野宿。2日目は久留里から山を抜

上り・下り坂運歩

（上）房州廻国修行にて。驚くべきことに、写真中央の女性の中山さんは古希を迎えられている。一緒に旅をしていて、その健脚ぶりには驚嘆した。
（左）藁紐を膝下に結ぶ血止め。

（右）上り坂運歩。
（左）下り坂運歩。

け大山千枚田付近の田んぼ脇の畦道で野宿。3日目には山道から海へ抜け、目的地の保田駅に到着しました。毎日8時間以上歩く修行でしたが、参加の5名は生田師範のご指導のおかげもあり、誰一人大事には至らずゴールできました。

この旅で千里善歩傳にある上り・下り坂運歩や、古来より飛脚などが使っていたと言われる「血止め」の有効性をハッキリ感じました。

上り坂運歩は両手を下ろし、肩を下げることで股関節の可動が自由となり、上り坂でも脚を軽く出せることを確認しました。下り坂運歩では両手を挙げる心持ちで歩くことで、両手の張りが着地時にサスペンションのような働きをして、下半身の関節部への負担がかなり軽減されるという発見をしました。これらは疲れているほど顕著に実感できます。

「血止め」は藁紐を膝下に結ぶだけなのですが、血流がある程度制限されるためか、結ぶことで膝関節のサポートとなっているためかは実際のところわかりませんが、明確に疲労が軽減される実感がありました。

ただし、あまりキツく締めてしまうと危険が伴う恐れがあるので、試される方はその辺りをご注意いただければと思います。

常盤廻国追善修行

「健行なる人は四十里（１６０㎞）の行程一日に至り易かるべし」

万民千里善歩傳にあるこの言葉の意味を探るべく、実際に四十里（１６０㎞）を歩いてみようと思い立ち、２０２０年9月の下旬に検証の旅に出ました。ちょうど自宅の埼玉県上尾市から母方の菩提寺、北茨城は大津港の長松寺までの１６４㎞を目指します。

丸一日24時間を歩き通してどこまで行けるのかという検証と、通せなかった残りの道中をのんびり歩いて、トータルで四十里という距離を身体で感じたいという想いでした。

草鞋《わらじ》を素足に履いてどこまで迫れるかの検証もしたので、そこがかなり厳しいものとなりました。舗装道路と草鞋の相性が悪いことは聞き及んではおりましたが、それが如何程のものなのかはやってみなければわかりませんでした。

初日には24時間不眠で埼玉県上尾市から茨城県石岡市までの80㎞を歩きました。予想では１００㎞程度は行けるとふんでいましたが、途中で草鞋は次々と擦り切れ、60㎞地点までに三足も交換することとなりました。草鞋の手持ちがなくなり最後は地下足袋にて移動。体力的に

常盤／日光
長距離歩行修行

後日に開催された長松寺でのイベントの際、御住職とともに。

余裕はありましたが、やはり素足に草鞋で舗装道路を歩くということは想像以上にダメージがあり、特に足底の疲労が限界に達し、歩く度に激痛に見舞われてしまいました。それでも石岡市から水戸市までの30㎞を歩いて、宿をとろうと思っていましたが、痛みにより断念してバスにて水戸へ行き宿をとりました。足の状態的には、すでにまともに歩けなくなっていたのです。

「160㎞を歩くと決めて旅に出たのに半分で断念とは情けない！」

自らを鼓舞し、翌日も歩けるところまでは行こうと決めました。翌朝、水戸を出発し5㎞ほど歩いたところで、足の甲にさらなる激痛が出て、もはや地下足袋も履いておられず裸足となり、ガードレールを手摺りにして歩いておりました。心にリタイアの四文字が浮かびます。が、ここで名案が浮かびました。

「自転車を買おう！」

足の痛みの他は問題なく、体力にも余裕がありました。ただ痛みで歩けないだけなら自転車なら動けるはず。当初の目的は果たせませんでしたが、自転車であっても四十里を感じたいという想いでした。水戸から目的地までの残り60㎞を自転車で向かい、夕暮れ近くには無事ゴールの長松寺に到着。御住職に歓迎していただき、無事に先祖の墓にも参拝できました。記念に鐘を突かせていただいたとき、驚くほどに美しい夕焼けに染まり、神仏の加護を感じずにはおられませんでした。

この旅には続きがあります。自転車を買ってしまった手前、この自転車をどうにかせねばなりません。なので、命を賭けて乗って帰ることにしました。帰り道160㎞もギアの付いていないママチャリを漕いで帰ることとなりました。もちろん徹夜で漕いで帰ります。

この4日間まともに寝たのは水戸での1日くらいで、あとは不眠で移動しっぱなしでしたが、人間なんとかなるものだと思いました。

後日談ですが、このときのご縁がきっかけで、菩提寺である長松寺の御住職からお声がけをいただき、翌年、境内でのイベントで忍者体験を担当させていただきました。近所の子どもたちと一緒に、祖父母の墓前でお仕事ができましたこと、大変光栄に思いました。

日光の旅

2021年5月。前年の常盤国廻国修行が80㎞しか徒歩できなかった悔しさがどうしてもあ

上尾～日光107㎞の旅。左画像はアプリYAMAPのデータ。東照宮に到着した段階でストップしたが、実際はその後プラス2キロほど歩いて旅を終えた。

り、再び長距離歩行修行に挑みました。今回は自宅の埼玉県上尾市から栃木県の日光東照宮までの約１０７㎞を歩く挑戦です。傳書にある40里という距離がいかに凄まじいものであるかは十分にわかったので、目標を少し下げて24時間で１００㎞の行軍を目指すことにしました。

結果から言えば24時間で１０２㎞進むことに成功しました。そして、ゴールの日光東照宮まで自らの足でたどり着くことができました。成功の理由は最初から地下足袋で足周りをケアしたことと、途中に千里善走法の走りを積極的に挟んだことです。前の修行で歩くという動作は足裏への負担が大きいことを経験的に学んでいたので、小走りを多めに取り入れて臨みました。ただし、自分は喘息があり心肺機能に自信はないので、紙一重のところで様子を見ながら走りを入れました。今現在でも一息に歩き通した最長はこの107kmとなります。

『ジャポン1867年』に記載の馬丁のエピソードと検証

「万民千里善歩傳」をベースに古い時代の歩き方、走り方を研究している中で、幕末に日本を訪れたフランス貴族の残した日記を翻訳した『ジャポン1867年』（リュドヴィック・ド・ボーヴォワール 著：綾部友治郎 訳　有隣堂）という書籍に興味深い記述を見つけました。別当（馬丁《ばてい》）と呼ばれる客を乗せた馬と並走し、世話をする人々の脅威的な様子が記されています。

ここに少し引用したいと思います。

「わたしは『別当』（日本語で馬丁のことだが）を見て飽きることがなかった。彼はその友で

あるわたしの馬に、困難な箇所のたびごとに、咳き込んだ小さな掛け声で予告しながら、わたしの前をまるでかもしかのように敏捷に走った。日本では馬に乗る者は、馬の好敵手となるこの筋骨たくましくも優雅な肢体の、忠実で疲れを知らぬ走者が絶対に必要であり、これなくしては決して危険を冒さないようである。（中略）この男の軽い足が地面にほとんど触れるか触れないかといった様をどんなにお見せしたいことか」

この「足が地面に触れるか触れないか」という様子に「千里善歩傳」の技法と関連が見込めるのではないかと直感し、紅葉台木曽馬牧場での馬上武芸の稽古会に参加した際に、馬と並走して実験してみることにしました。

私の予想では、馬の力を借りつつ「千里善歩傳」の「七體の法」を用いて浮くように走ったのではないかという予想がありました。実際に手綱を引きながら馬と並走してみますと馬の力を借りる感覚を得ることができました。心肺機能さえついてくればかなり面白い走りができるかもしれないと思いました。

古い歩き方、走り方の解明に微力ながら近づけた気がします。しかし江戸時代の走りを専門とする馬丁のエピソードの驚嘆すべき記載はこちらです。

七體の法の検証

「フランス貴族役」に里山武芸舎の生田覚通師範。

紅葉台木曽馬牧場での検証・実験の様子。

箱根の宮ノ下から急いで横浜までの約80㎞帰らねばならなくなったフランス貴族一行。馬丁も馬も長旅でもう疲れていますが、船の時刻が迫ります。貴族は悪く思ったのか、馬丁たちにこの場に残るように伝えるのですが、その返事が凄いです。その一文がこちら。

「この疲れを知らぬ走者たちは、体力に劣らぬ強い自尊心をもっていて、『走ることにかけては、馬はいまだかつてわれわれを打ちまかしたことはなかった』とわたしにいった」

彼らはこの後無事に横浜に着くのですが、この凄まじい体力と技術を持った職業人たちが幕末まで矜持を持って生きていたと思うと、ますます古の歩き方や走り方にロマンが湧いてきます。

現代人の私がこうした人々に近づけるとは到底思えませんが、そのやり方を考察・再現して修行とすることで、武芸や忍びの世界の解像度を高められるのではないかと期待しています。今後もこの研究は続けていきたいと思います。

【八ノ巻】

忍ぶということ

忍者なのに忍んでない⁉

忍者の文化を紹介することを生業としている身としては、表に出る活動や名前を売るといった広報活動も仕事のうちです。本書の執筆も、まさしくそうした活動の一環と言えます。

しかしながら、一般の反応として決まって言われるのが「忍者なのに忍んでない」というものです。

忍者の活動をしていると耳にタコができるほど言われるこの冗談混じりの台詞ですが、そうしたツッコミをいれることが忍者ファンの間での一種の様式美のようになっています。

では、本当に表に出ることが忍者として忍んでいないということになるのでしょうか。こうした忍ぶことの意義について少々述べたいと思います。

『万川集海』における忍ぶ

「忍ぶ」を辞書で調べるとおおよそ次の意味になります。

【つらいことをがまんする。じっとこらえる。耐える】

【自分の存在や行いを、人に気づかれないようにする。外から見えないようにして身を置く。隠れる】

このうち「外から見えないようにして身を置く」「隠れる」という狭義の意味を指して、前述の台詞等は「忍んでない」と言われるのだと思われます。しかし、忍術における「忍ぶ」の意味はこうしたものにとどまらない奥深いものであります。忍術傳書『万川集海』に書かれている解説から紐解いてみましょう。

『万川集海』巻第一の忍術問答の中で、忍びの上手は「能き忍者は抜群の成功なりと云えども、音もなく臭いもなく智名もなく有名もなし」とされています。忍術は他の芸と異なり、名前が

忍びの上手十一人

野村の大炊孫太夫
新堂の小太郎
楯岡の道順
下柘植の木猿
同・小猿
上野の左
山田の八右衛門
神部の小南
音羽の城戸
甲山太郎四郎
同・太郎左衛門

名前につけられた野村、新堂、楯岡、下柘植、上野、山田、神戸、音羽、甲山（高山）は、伊賀の地名である（下地図参照）。

伊賀市内の書店に貼ってあった伊賀上野観光協会作成のポスター（2014 年）。

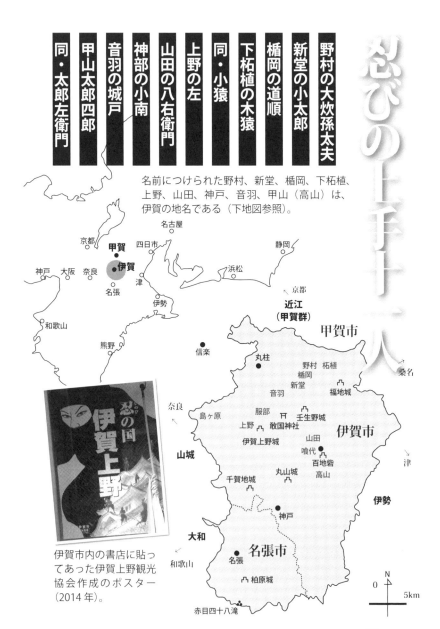

知られてはかえって怪しまれてしまうので、その名が世に出ないということが最上のものであるとしています。さらに〝忍びの上手十一人〟の名を挙げ、野村の大炊孫太夫、新堂の小太郎、楯岡の道順、下柘植の木猿小猿、上野の左、山田の八右衛門、神部の小南、音羽の城戸、甲山太郎四郎、同太郎左衛門、いずれも名前が世に出てしまっているので中吉の忍びであるとしています。そして、本当に優れた忍びは名前が出ていない彼らの主人なのであると表現していきます。

この忍術問答の文言を額面通りに受け取れば、「なるほどやはり人に知られないことが忍びなのではないか」と言いたくもなりますが、もう少しメタな視座に立ってみましょう。

この忍びの上手十一人の名をはじめ、忍術の凄さが世に知られているからこそ、伊賀流甲賀流のブランドが確立されているとも言えます。『万川集海』という書物自体が、伊賀流甲賀流の教養の高さを含めた忍術の権威を知らしめる目的もあって取りまとめられた感もあります。

ですので、このように「最上の忍びは名が知られていないのだ」という奥深さを匂わせているという見方もできると考えています。絶妙なブランディングが垣間見られるのが冒頭の忍術問答の意義だと読んでいます。

陰忍と陽忍

では本題の術のほうの教えではどのようになっているのでしょうか。少し読み進めますと、忍術には「陽術」と「陰術」があると伝えられています。その部分を抜粋します。

「それ忍術には陽術あり陰術あり。陽術と云うは、謀計の知慮を以てその姿を顕しながら敵中へ入るを云う。陰術と云うは人の目を忍び姿を隠すの術を以て忍び入るを云うなり」

つまり忍術には姿を現して用いる陽術と、姿を隠して用いる陰術があるということです。

さらに陰術の解説では「陰忍は陽忍に如かず」と記され、姿を現す陽術のほうが上位とまで記されています。ただし、陽術のみで陰術がなければその利を全うすることはできないので、春夏秋冬が推移するが如くに、滞りなく事に応じて変化しながら臨機応変に用いることが肝心であるとしています。

また、一言で「陽術」「陰術」といっても多種多様です。さらには、その中間に位置する技術もあります。「陰中陽」「陽中陰」という入れ子的に陰陽を組み合わせた概念も登場する奥深いものです。

「陽術」で有名なものは「久の一の術」でしょうか。そう、クノイチです。これは、密かに敵方へ潜入した女性と内通し、潜入する計略を立てることを言います（余談ですがこのようにクノイチは本来、術の名称であり、女性の忍者を指すものではないのですが、山田風太郎作品等をはじめとする忍者もののブームに乗ってクノイチというキャラクターイメージが流行し、それが定着して現在に至ります）。

また「四方髪《よもがみ》」といって場所に応じて髪型を変じることや、さまざまな職業の芸や物真似などに至るまで手練にして、その職業の技能まで実際に学んで身につけ、その姿に扮して潜入するといったことも「陽術」になります。

一方、「陰術」に代表されるのはやはり「隠形術《おんぎょうじゅつ》」でしょうか。中でも「鶉隠れ《うずらがくれ》」「観音隠れ」が有名です。敵に最も近づき、闇に紛れてじっとして動かず隠れるというまさに忍者のイメージ通りの術です。

陰陽合わせて初めて忍術の利が発揮できるものでありますので、隠れて忍ぶ陰術ばかりでは片手落ちになるということがここからもわかると思います。さまざまな職業の知識や教養を身

隠形術「鴉隠れ」と「観音隠れ」

鴉隠れ（上）と観音隠れ（右下）を実演する著者。鴉隠れは丸くなって全く動かない。明るいところでは効果はわからないが、顔や皮膚は月明かりや松明（たいまつ）の灯りにも反射してしまうため、観音隠れは袖で顔を隠して影となり、気配を殺して息をひそめる。

この観音隠れは、ボディワーカーの藤本靖氏が講師を務める上智大学での講座にゲスト講師として招かれたときのもの。

につけ、異国の者と関係を築き、咄嗟のときにも上手い文言や芝居で切り抜けられる臨機応変さが必要であったことでしょう。

変装潜入の検証

学生時代、自分がまだ忍術と出会う前の話ですが、面白半分で変装と潜入にチャレンジしたことがあります。友人がマルチ商法に熱心な共通の知人に勧誘を受け、喫茶店に誘われたとのことで、その場に変装して潜入し、近くのテーブルでこっそりと事の顛末《てんまつ》を盗み聞きしようという作戦でした。

結果から言いますと、自分の変装や挙動が甘く、普段と違う服装とマスクをしていましたが、相手方にバレてしまいました。その場はなんとか偶然を装い誤魔化して事なきを得ましたが、手痛い失敗でした。

そんな記憶もあって、変装には良い思い出がなかったのですが、近頃露出が増えたこともあ

本気で忍び込めばバレない!?

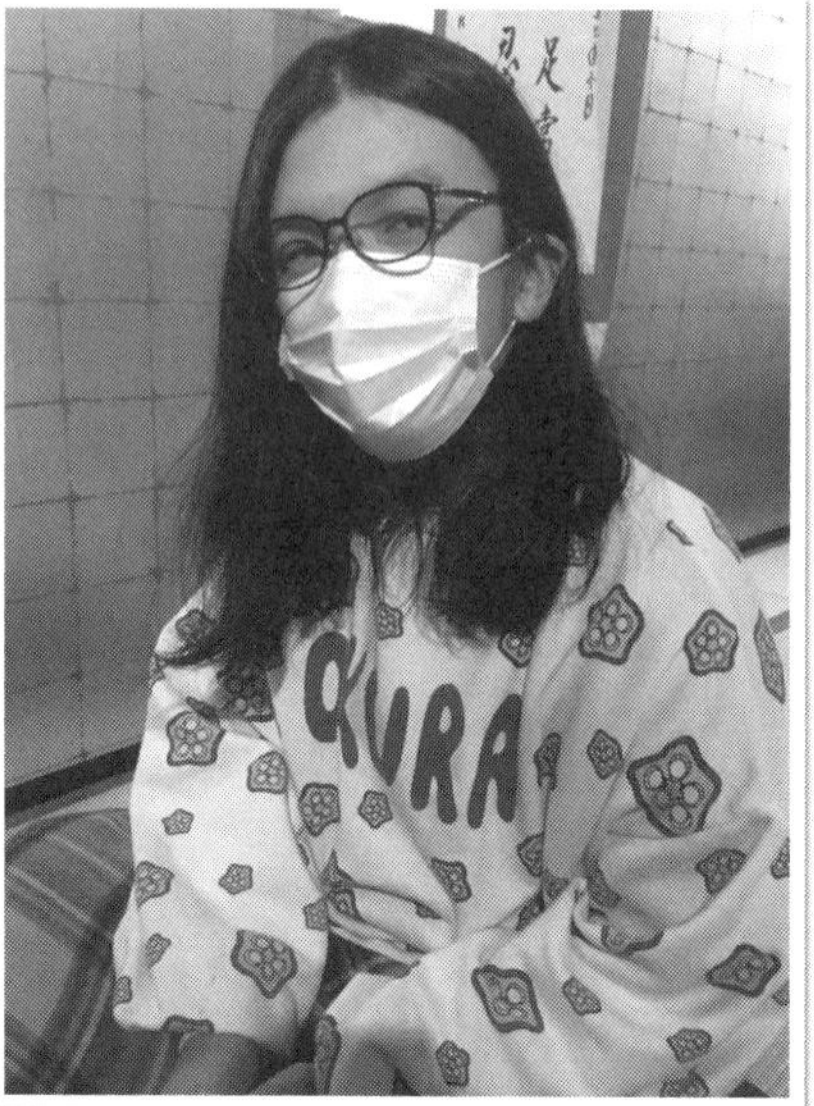

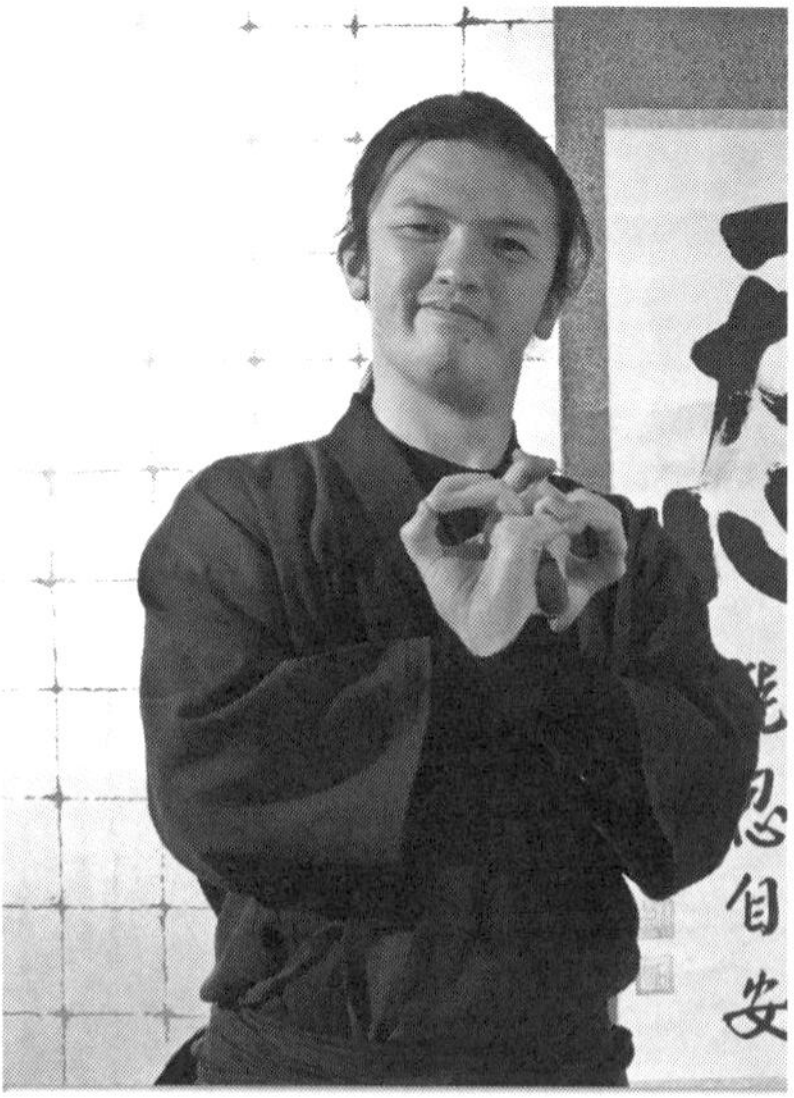

自らの講座に変装して忍び込んだ際の著者。
同日のビフォーアフター。

り「忍んでない」と言われることが増えてきたので、「では、いっちょ本気で忍んでやろうではないか！」と思い立ち、数年前に開催した自らの公開セミナーで潜入にチャレンジしました。普段から和装であると公言しているので、そのイメージを逆手にとって、日頃は全く着ることのないブランドの服を着て、髪の毛を下ろしてメガネとマスク、女性のスタッフさんに借りた小物を身につけて中性的な見た目と声をかけにくい雰囲気を出して、会場の前方に座ってじっとしていました。

もちろん私自身が講師を務める予定の講座ですから、参加者のみなさんは私のことを知っています。学生時代と違い、このときは忍術を学んで臨んでいますので、いろいろな口伝なども用いて内面の変化も使い、気配を殺しつつ、講座が始まるまでなんとか忍びきりました。

結果として、およそ15名の参加者の誰一人として私に気づくことはありませんでした。スタッフさんの講師の呼び出しのあった後、客席から突如変装した私が立ち上がって上着を脱ぎ、忍者装束になったときの皆さんの驚いた顔は今でも忘れられません。本気で忍び込めば案外バレないものです。陰の忍術の恐ろしさかもしれません。

忍んで生きる

現在の私が生業としていることと、古伝にあるような忍びの生業とを同一視されることがあります。「忍んでない」と言われてしまうのも、おそらくそうした皆さんのロマン故だと思われます。ですが、今の世では城郭を攻めることもなければ、夜討ちを仕掛けることもありません。当時の身分制もありません。

私の仕事は忍道家として教室や各種媒体を通じて、古の忍びの文化や精神性を紐解くことで見えてくる本質の探求と社会還元だと思っています。ですので、残念ながら世を忍んで姿を隠し通すこと自体にはそこまでの利がないのです。

しかしながら、姿を顕すといっても、忍者を自己顕示欲の発露として扱い、行き過ぎた真似をしたり、文化としての価値をあまりに貶めるようなことを流布したくはないものです。その辺りは気をつけているつもりですが、求められる演出との狭間で苦戦することもあります。

先哲の忍の教え

「忍ぶ」の辞書的な意味では前者に【つらいことをがまんする。じっとこらえる。耐える】とありました。我々は忍道において「堪え忍ぶ」訓練を重視しています。人倫においては互いに堪え忍ぶ精神こそが「忍」であり、それが「和」を生み出すと考えるからです。

こうした忍ぶ精神の重要性は忍者に限らずさまざまな偉人が伝え残しています。近江聖人と呼ばれた朱子学の祖である中江藤樹は「百忍詩」という漢詩を残しています。

「一たび忍べば　七情　皆中和す
再び忍べば　五福　皆並び臻る
忍んで百忍に到れば　満腔の春
煕煕たる宇宙　総べて真境」

概要としましては、「人間には七つの感情がある。一度忍ぶことでこれらを制御すると偏らずに和らいでゆく。さらに忍べば五つの幸福が皆自分に起こるようになる。何事にも忍ぶことができるようになれば体中が春のような気分になり、広々とした宇宙の真の境地に至る」というものです。

余談ですが、この七情については忍術傳書『正忍記』においても、人間の本質として敵の情を見分けて利用する方法が説かれます。また、私の青龍窟という名前の元となった幕末の越後長岡藩の武士である、蒼龍窟こと河井継之助も「一忍をもって百勇を支え一静を以て百動を制す」を座右の銘として残しています。

身体を通じて忍を学ぶ

こうした日本人の精神性の下地とも言える「忍」。まさにその実践の最先端にいたであろう人たちが「忍び」だと思います。

忍道では、その文化に学び、実際に身体を通じて痛みに耐え、暑さ寒さに耐え、長い空腹に

堪え忍ぶ「氷置の行」

氷を抱き、冷たさに堪え忍ぶ「氷置の行」に臨む。氷に触れている場所は痛い。

幼稚園にて隠形術を教える著者。未来に忍びの精神をつなぐ。

も耐えるなどの修行を率先して行うことが重要だと考えます。『当流奪口忍之巻』という忍術傳書には「五忍」という教えがあります。これは「忍生・忍死・忍欲・忍我・忍人」の五つの教えがあり、全てを行える忍びはいないが、一つは心得ている者がいるのでそういう人を見立てることが大事だと説きます。

ここでは忍我と忍人をご紹介したいと思います。「忍我」は言いたいことがあっても我を少しも立てずに人を立てて従うことの大事を説きます。それとは逆に「忍人」は「忍我」の裏であり、人にへつらわず、従わず、己の心のままに我を立てるとあります。

私はこの部分を読んだとき、強く感銘を受けました。忍ぶということの大事さを聞こえのよい美辞麗句として努力目標のように受け取るのではなく、こうした二律背反の矛盾した教えとして伝えることで、その妙と言いますか、絶妙のニュアンスを残そうという工夫が感じられたからです。

私は忍道を通じ、こうした忍びの文化を広く伝えたいと思っております。そのためにメディアにも出ますし、ときにコミカルに、ときにシリアスに表現をして発信しています。相手に応じて人を立てたり自分を立てたりしながら、上手く忍んで、今の世を渡っていきたいと思います。

【九ノ巻】

撒菱について

世界の撒菱と歴史

忍者が使うイメージのある道具の中で、手裏剣などと並び、特に有名なものに「マキビシ」があります。

その知名度に反して意外に知られていないのですが、マキビシは「撒菱」と書き、そのルーツは水草の菱という植物の種子を撒き、罠にすることに由来します。

アニメ作品や映画の中では、敵に追われたときに忍者が懐からばら撒いて逃走するシーンが描かれることが多く、ご存知の方も多いと思います。実はこの撒菱にはイメージされるよりも多くの教えがあり、調べるほどに奥深く、私の気に入っている忍術関連の武器でもあります。

本章ではこの知られざる「撒菱」について掘り下げ、さまざまな角度からお話ししたいと思います。

撒菱に類する武器の歴史は古く、紀元前331年のペルシャのガウガメラの戦いにて、鉄製の撒菱的な兵器が用いられたとする文献があります。

【九ノ巻】◇撒菱について

古代中国でも使用され、三国志の戦場である定軍山から後漢～三国時代の青銅製の撒菱が出土しています。また宋代に記された武経七書の『六韜《りくとう》』にも撒菱に関する記述が登場します。武経七書は日本にも伝来し、広く学ばれ、忍術書の成立にも影響があります。

撒菱は主に歩兵や軍馬や軍象、ときに駱駝《らくだ》の足をも止めるための有効な兵器でした。この棘を踏ませるというシンプルな兵器は、世界中で時代を超えて用いられてきました。

時代は降り、第二次世界大戦でもドイツ軍が鉄の板で製作した撒菱を航空機から敵の道路や滑走路を目掛け爆弾で撒く作戦を実施した記録もあります。そうして現在でも撒菱は世界の軍隊で車両のパンクなどを目的として開発され、今なお運用されています。

海外英語圏で撒菱はカルトロップ（caltrop）と呼ばれ、語源はラテン語で「足への罠」を意味するものです。中国では蒺藜（しつり・しつれい）などと書きます。ちなみに日本の忍術傳書でも撒菱を「蒺藜」と書く場合があります。

撒菱の種類

撒菱にはさまざまな種類があります。基本的には、沼や池に自生するヒシという水草の種子の殻を用いた俗に「天然菱」と言われるもの、先を尖らせた竹を結び合わせて作ったもの、鉄製のもの、三角錐に作った木製のもの、木の板に先を焼いた釘を表裏から打ったものなどさまざまです。

変わったところだと、蛎《かき》がら、つまり牡蠣の殻を蒔くとする教えもあります。この蛎がらの効果については検証の余地があります。踏んだら危険という想像がつかないので、砕いて尖らせるのか、はたまた音が立ちやすいのかなど、仮説を立てて試してみようと思っています。

また、傳書上では蒺藜と書かれていることも多いのですが、蒺藜はハマビシという海辺の植物の尖った種子のことを指します。現在の日本ではほとんど見られませんが、僅かながら日本にも自生しています。ハマビシも撒菱として用いられた可能性があります。

ただし、先に述べましたように、非常に古い時代から撒菱的な武器の意味で「蒺藜」や「鐵蒺藜」という名称が使われていますので、言葉上の意味として蒺藜が必ずしもハマビシのみを

鉄・竹・天然撒菱

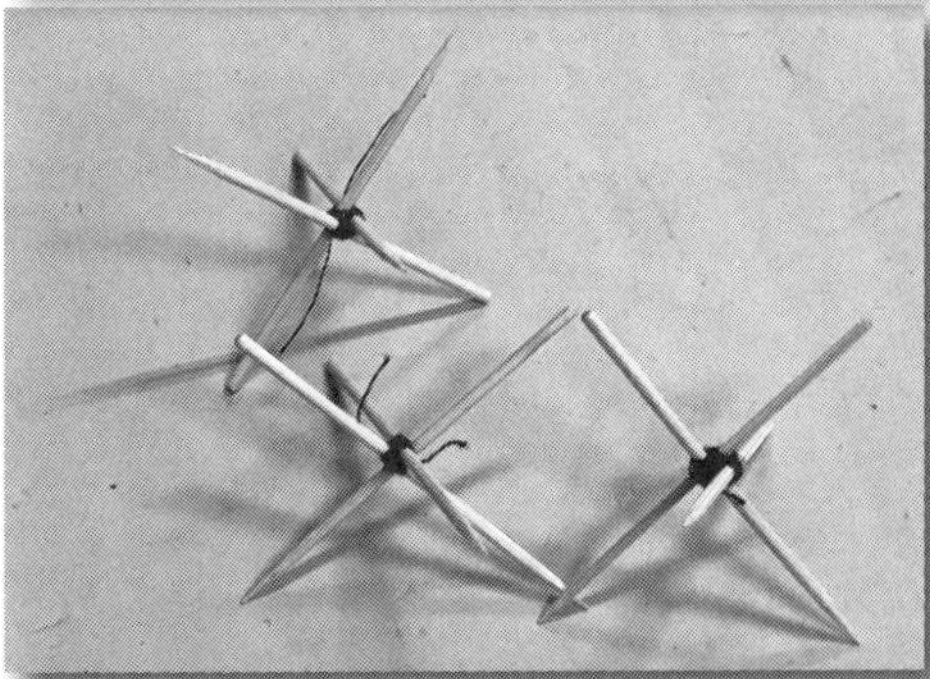

（上）鍛冶屋さんに作成してもらった鉄菱。加工には工夫が要る。熱した鉄をH型にタガネを入れて前後に捻り、撒菱の形を成形する。
（中）竹釘で再現した竹菱。
（下）湖畔に打ち上げられたオニビシの殻。こうしたものを拾い集める。

指す意味で使われていないことには注意が必要です。
さて、こうした撒菱の種類について多く記されているものが『合武伝法急勘齅物見之巻《ごうぶでんぽうきゅうけんきゅうものみのまき》』です。国際忍者学会の学会誌『忍者研究』掲載の中島篤巳先生による論文より書き下しを抜粋してご紹介したいと思います。

「一、菱品々の事　言うは鉄の菱有り、竹菱あり、早菱有るなり。総じて八菱とて八品有るなり。然れども間者の用いるは竹菱早菱なり。竹菱と言うは竹を長さ五寸にししてけずり、両方を尖らし二本を結え合せて　×此の如し。立つれば一本は上へ向き、三本は足となるなり。又早菱と云うは蛎がらをまくなり」

（中島篤巳　忍術伝書『合武伝法急勘齅物見之巻』国際忍者学会、２０２２）

この傳書に八種類全ての詳細が書かれているわけではありませんが、数多くの種類の撒菱が考案され、戦で用いられたことが示唆されています。もしかすると兵法の傳書などを探せば、戦で使われた多くの種類の撒菱が見つかるかもしれません。ここでは間者《かんじゃ》、つまり忍びが用いるべき撒菱の種類が記されているのが大変興味深いところです。

九州で開催された国際忍者学会の巡見中に菱の群生を見つけて思わず駆け寄る著者。菱の形状には同種でも地域差があるため九州のものを見られる機会は貴重だった。

乾燥したオニビシの殻。この黒色は自然に出てくる色。皮に含まれるタンニンによる影響か。

撒菱の使い方

先に引用したもの以外にも、撒菱については多くの忍術傳書の中でその教えを確認することができます。代表例として忍術傳書『万川集海』における撒菱の項目を見てみましょう。

「要害術」といって自軍の建物や陣地への敵の忍びの侵入を防ぐ教えの中に「蒺藜の事」があり、「屋敷の外の敵が通ると思う場所に予め撒いておく」としています。一般に逃げるときに撒いて追っ手から逃れる印象の強い撒菱ですが、どちらかというと要害として事前に設置しておくほうが、頻度が高そうに見受けられます。

また「隠形術五カ条」の五つ目「敵追い出て対当しても利なき時、我退散する時の方便八つ」の中で「蒺藜蒔退」が記されています。『完本　万川集海』の書き下しからご紹介します。

「蒺藜蒔退と云うは、竹蒺藜を持ち行きて退くべしと思う道、或るは戸口々に、いまだ入らざる前に蒔き置くべし。退散の時はいそがわしくして蒔かれざるものなり。又退散の時蒔く事も有り。昔は竹蒺藜を幾つも糸につなぎ、退く時引きずりて退きたる事も有りと云えり」

（中島篤巳『完本　万川集海』国書刊行会　2015）

この菱を糸につないで使う方法は「後綱ひし」と言って『忍秘伝』にも記載されています。現在では知られていませんが、一般的な菱の使用法だったと推察できます。

『忍秘伝』によると、長さ二、三間（約3・6m～5・4m）の縄に二寸（約6cm）毎に菱を付けて縄を引き摺るように使うとされます。こうすることで、敵はこちらを追うのに一定距離に近づくと菱の付いた縄を越えて追いつかねばならず難儀するという仕組みです。

また、菱を縄でつないでおくことで回収や設置場所の移動、即時の展開が、バラバラにしておくよりも容易になったものと予想できます。

運搬と対策

撒菱の話を一般の方にするとき、よく挙がる質問に「こんなトゲトゲしたものをどうやって保持していたのか？」や、「撒いたところを自分で踏んでしまわないのか？」といった疑問があります。実際に使うところを想像すれば至極真っ当なご感想だと思います。

忍術書には道具の持ち方について言及していることが多いのですが、大抵は丈夫な皮袋に道具を入れて運搬します。その中に一緒に菱を入れると取り出すときに手に刺さって危なかったり、使用するときに素早く撒けないと困るのか、菱は別の皮袋を用意して分けて入れる旨が記載されたものがあります。

『忍秘伝』には「丈長袋」という皮袋が記載されていて、菱を入れて運ぶ他、逆茂木《さかもぎ》などの敵の要害を突破するのに、この袋を用いて中をくぐり抜けることでかわす教えがあります。このように菱は主に大きな皮の袋に入れて運搬していたことがわかります。

菱を持っていく量と足元についての問題ですが、『万川集海』の成立の参考にもなった『軍法侍用集』という傳書を見てみましょう。

「第十、夜うちにひしを蒔く事

一、夜うちの引きさまには、ひしをまくべし。敵は足の用意もなく、味方は足の用意をして夜うちする故に、敵はたらき得ず、味方自由のはかりごとなり。此ひしをまく役人は、かたは

らにしのびて、たたかひには出で合せず、夜うちの勢引きとる時、ひしをまくなり。味方の足の用意専なるべし。

～中略～

鉄にてつくりてはをもきゆへに、百のうち七八十ほどは竹にて作るべし。或ひはひし壱斗のうち二・三升ほど鉄にてしたるがよし。殊更しのびなどの所持するには、竹ばかりがよし。」

（魚住考至『軍法侍用集の研究』ぺりかん社　2001）


ここでは味方には足の用意をさせているので、用意ができていない敵よりも利がある旨が記されています。

用いる量については驚くべきことに、「壱斗」つまり一斗缶の大きさですから、18リットルもの単位で撒菱を用意をしていたことが伺えます。それだけ大量に用いるのですから、鉄製の割合を減らして竹製の撒菱を用意して軽量化せよと記されるのには納得です。

夜討ちの撤退の際にはこれだけの量の撒菱を撒くためか、戦闘には参加しない撒菱用の人員を用意していたというのですから、とても重要な知略であったのでしょう。

この足の用意ということに関して、どのようなものがあったのかといいますと『合武伝法急勧襲物見之巻』には草鞋草履の裏に銅を延べた板を入れた菱沓《ひしぐつ》という履物を用意する記載があります。味方にはそうした特殊な履物を用意した上で対策をしていたのです。また、支度の特にないとき、菱が撒かれた場所に差し掛かってしまったときの教えは、『万川集海』に次のようにあります。

「我、菱を蹈立ざる様は、其のまきある所にては足をあげずして、足の裏を土を離れず歩むべし」

（中島篤巳『完本　万川集海』国書刊行会2015）

つまり足を上げないようにして地面を擦るように歩くのです。これに類似した教えは私が師範を務める忍道の歩法の稽古でも、総師範の川上仁一先生からの指導の中で度々伺いました。川上先生に伝承された技法の中でも撒菱などの足元の要害に対する足の運び方が、忍術の歩法の基礎として登場します。

また、先ほどの『軍法侍用集』は構成として中間に忍びに関する巻があるのですが、基本的には兵法書です。その兵法の部分、つまり侍の心得としての部分に忍びと撒菱の脅威について記された箇所がありますので引用します。

「第五十五、しのびほそりの入りたる時の事
一、しのびなど入りたるとて、はやまり追ふべからず。或はかへりまち、或はひしなどまきたる所に行きかかり、むたひの死をいたし、又は進み得ずして、俄に思案したるふり、見ぐるしきものなり」
（魚住考至『軍法侍用集の研究』ぺりかん社　２００１）

つまり、忍びを見かけたからといって早まって追いかけると、待ち伏せにあったり菱を撒いているところに行ってしまい、無様に死んでしまう、と恐ろしいことが書いてあります。
アニメなどでは「踏んでイテテ」とコミカルに描かれる撒菱ですが、実際には足を負傷すると行動ができなくなるので、そこを待ち構えた忍びに討たれるわけです。侍の側から見た忍びの撒菱による脅威が読み取れる貴重な資料です。

菱がつなぐ縁

私は天然の菱を集めるのが好きで、千葉県の印旛沼によく採集に行きます。

天然の菱は発芽した種子の殻が湖畔に打ち上げられて乾燥したものを用います。家のバケツで発芽させてみたりと、植物としての菱についてもなかなか面白く勉強になることがたくさんあります。

そうした活動を忍者の話と絡めてＳＮＳなどで発信していたところ、あるとき面白いお話をいただきました。

印旛沼ではこの菱の葉が繁茂して湖面を覆ってしまうことで水質の悪化など環境問題になっており、毎年役所が大きな予算をかけて菱を駆除しています。そんな折、その菱をただ駆除するのではなく、何か再利用できないかという発想から、ある企業が菱の成分を分析して化粧品に加工するといった試みをしています。

その企業の担当の方とお会いして、菱の可能性についてお話をしたご縁で、印旛沼の自然と可能性を活かす活動をしている「まるごと印旛沼」というグループの方々とつながり、この方々

印旛沼での菱収穫

菱の収穫に参加した著者。印旛沼の菱の群生地に手漕ぎボートで頭から突っ込んで採取する。菱に覆われた場所では舵が利かないほど根を張っている。

湖面に浮かぶオニビシの葉。菱形という名称はこの葉の形状からという説もある。この葉の裏側に種子が付く。

集めたオニビシの殻は沼の汚れが付いているので洗う。先端に返のついた棘がついているのでゴム手袋は必須。

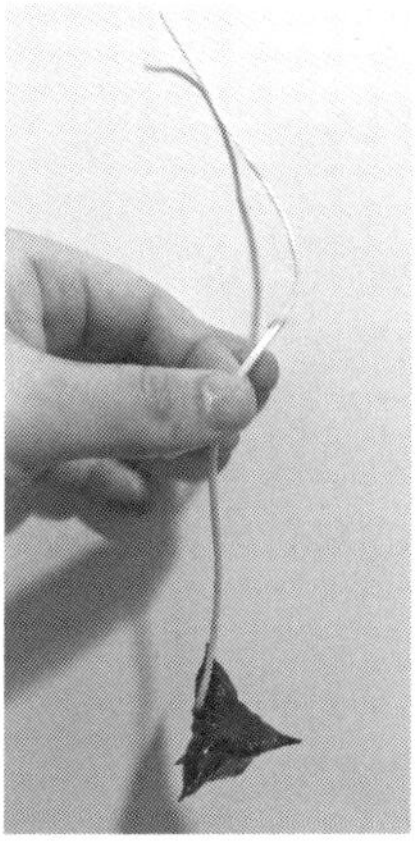

生きたオニビシを自宅で発芽させてみた。菱は本来湖底に定着したり、水鳥の身体に付着して生息域を拡大するために種子がこの形状をしていると言われる。湖底から芽を伸ばせる水深は2メートル前後と言われる。

「まるごと印旛沼」で菱を食す！

「まるごと印旛沼」での子ども向けイベントの様子。菱や忍術の話から印旛沼の自然のことなど、子どもから大人まで体験した。

（右上）菱の実の中身は食べることができる。生食は推奨しないが自己責任で試食。菱は別名は水栗と呼ばれる。ほのかな甘みがあり、食感は梨やヤーコンに似ている。（左／右下）まるごと印旛沼のイベントにて振舞われた菱の実を使った炊き込みご飯。火が通ると甘みとコクが増して、豆ご飯のようなコクと風味になって大変美味。武器にも食料にも利用されるのが菱。

の主催する子ども向けのイベントなどで、印旛沼の菱をテーマにした忍者ワークショップを数年にわたり担当させていただいています。

忍者と撒菱という楽しそうなテーマから、忍者体験や身近な自然や環境問題といったことにも意識を向ける子ども向けのイベントは盛況で、撒菱好きの忍びの冥利に尽きます。

これからもこうしたご縁を大切に常に上を向いて活動していきたいと思います。

そう、菱のトゲのように。

【拾ノ巻】

忍びの歩法

『正忍記』にみる「足なみ十ヶ条」

「抜足《ぬきあし》・差足《さしあし》・忍び足」という慣用句からも想像されるように、アニメなどでも泥棒が家に忍び込むような歩き方の姿がよく表現されます。

実のところ、忍術書にもそうした技法は散見されます。敵地に潜入した際に、足音はもちろん、気配を漏らすことなく忍び込むための歩き方。我々忍道の修行者も「神足法」という名前でさまざまな歩法の稽古をします。

本章ではそうした忍びの歩き方についてご紹介したいと思います。

忍術傳書の『正忍記』には歩法について触れている項目があります。「夜道の事」という項目で、次の通りです。

「夜は雪駄はくべからず、是皆世上の人の不心掛けという。伝え云う。雪駄はく事、不心懸け斗にあらず。人の足音にて能く其の人を知る。故に草履《ぞうり》にてさえ忍びは沓替《くつか》えという習い有

りて、足音ふみかゆるなり。
ぬき足、すり足、しめ足、飛び足、片足音、大足、小足、きざみ足、はしり足、常の足。
右足なみ拾ヶ条なり」

（中島篤巳『忍術伝書　正忍記』新人物往来社、1996年）

このように、まず足元の用意として忍びが夜に雪駄を履くことを強く戒めています。雪駄は突っ掛けてすぐ履くのに便利な履物ですが、ペタペタと足音が立ちやすく忍び込みには不向きです。そればかりか草履を履いているときでさえも、沓替えという習わしがあって足音を変えるものとしています。

この表現からも足音というものがいかに重要であるかが伝わってきます。歩き方や足音の立て方の実践として「足なみ拾ヶ条」には歩法が列挙されています。傳書では歩き方の名称だけで、方法までは詳細が記されてはいませんが、私はおおよそ次のように理解して実践しています。

ぬき足……足を静かに引き上げて歩く
すり足……地面を擦るほどに低く出して歩く

しめ足……地面を踏み締めるように歩く
飛び足……飛ぶように歩く
片足音……片足で歩く、または片足を引き摺るように音を立て歩く
大足……大股で歩く
小足……小股で歩く
刻み足……小刻みに歩く
はしり足…走る
常の足……通常の歩き方

こうした歩き方を実践して気づくのは、足音から相手の想像を操作できるということです。基本的に気配を殺して静かに近づくことは忍びの理想です。さらにそれだけでなく、屋内にいる敵や、夜道ですれ違う相手に足音の印象を利用して勘違いをさせることもできます。

例えば「片足音」では片足を引き摺るように歩いたり音を立てることで、負傷者や足に不自由がある人を装うことができます。

「小足」を使い、小柄な女性の足音だと思わせることで、敵に実像とは異なる印象を与え、油断を誘い、意表を突く攻撃ができるのかもしれません。足音は計略の第一歩というわけです。

履物の工夫と足跡の用心

敵地に忍び込む際に足音に気をつけねばならないことは述べてきましたが、こうした身体的技法と並行して、忍術書にはさまざまな足音を消す道具について記されています。

また足音に限らず、足跡にも用心せねば、敵に追跡を許したり、おおよその人数を見積られてしまいます。そうした教えについて『用間カ条伝目口義』という傳書に次のようにあります。

「一、乱足沓之事

コレハ三伝アリ、第一、通り路ニ足跡ツクヲ忌ハ、草鞋ヲ逆ニハキテ少シ通リ、又ホンノ通リニハキテ少シ通リ、度々如此ハキ直スナリ、コレハ行過シカ戻リシカト、跡ニテ不審タツルヤウニス、第二、座鋪へ忍コムキハ、成ホト綿ヲアツクスタル皮ノタヒヲハク也、コレテナリ

忍器「無音沓」

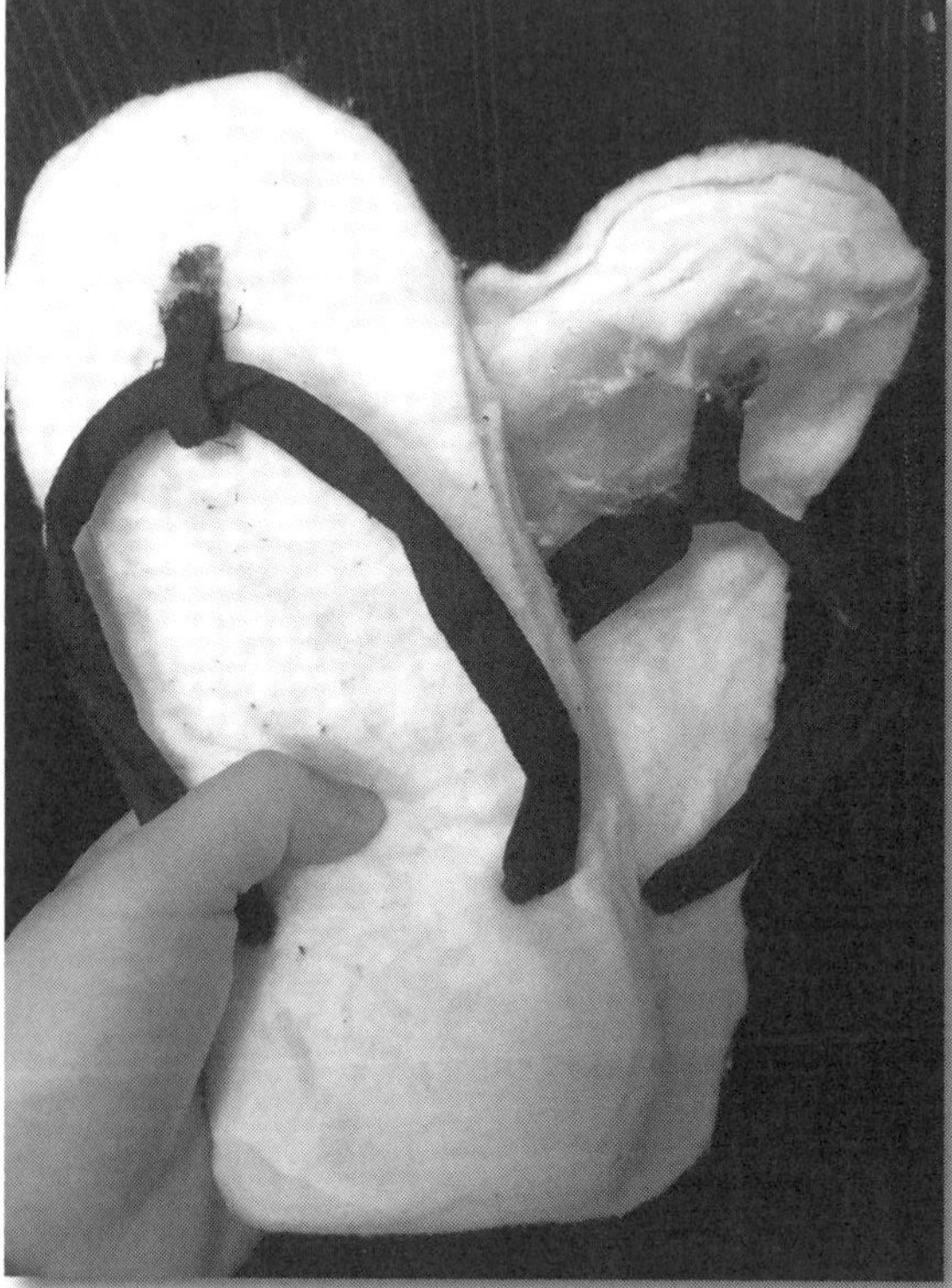

著者が再現作製した『軍法間林清陽』に記載された忍器の「無音沓（むおんぐつ）」。履くと確かに足音を立てにくい。原文は次の通り。
「無音沓の事　一、大方忍び入る時は、ぞうり・わらじの裏を掻かず。また、真綿を糊で幾重にも重ねて、鼻緒をつけて履くとよい」
（滋賀県甲賀市教育委員会「杣中木村家文書～尾張藩甲賀者関係資料～軍法間林清陽中」2023 年）

ヲトナシ、但シ早クヌキヤスキヤウニスヘシ、見出サレタルトキハ、ヌキ捨ハタラクナリ、第三、雪フリニ足跡往還十文字ニフミテ消ヘシ、口占」
（滋賀県甲賀市教育委員会『甲賀者忍術伝書～尾張藩甲賀者関係資料Ⅱ～』２０１８年）

このように、ここでは三つの教えが記されています。簡単に要約しますと

●第一に、足跡を残すことを嫌い、草鞋を逆さに履いたり元に戻したりしながら足跡を残し、敵がいるのか去ったのかと不審に思うようにする。
●第二に、綿を厚く入れた皮の足袋を履き音を消す。
●第三に、雪道についた足跡は十文字になるように踏んで消していく。

足音のみならず、足跡を用いても敵を混乱させる旨が記されていることがわかります。

同傳書には「手縛り」といって刀を抜いた鞘だけを置き捨てておく術があります。こうすることで、鞘を拾った敵は近くに抜き身の刀を持った者がいるのではないかと疑心暗鬼になり、その場から容易には動けなくなるという術です。原文の「跡ニテ不審タツルヤウニス」とはま

『万川集海』の「板橇」図

この板橇は敵の家に入ると床が鳴る時に使う。また蝶番にして懐中に入れるようにする事もある。これは口伝。

[図82]

『万川集海』に記載されている「板橇」の図。図説にはこうある。

「十二、板橇の図説　板橇の製作は桐の板を以て長一尺二寸、横八寸にして、はまちぎ木履（ぼくり）の如くに隅を丸くし、裏に布をあて、薄く綿を入れ、布を板に縫付け、はな緒をつけ、用いるなり。 口伝。右板橇は敵家に入る折から、床のなる時の用なり。又蝶つがいにして懐中へ入れ置くようにするも有り。是は口伝」

（中島篤巳『完本　万川集海』国書刊行会、2015 年）

さにこうした術と同様の計略と言えます。

道具については第二の教えのように足袋に綿を入れる工夫や、他の傳書から引用した画像にもあるような履物を用いて音を消して侵入します。これらは家の中の板が鳴るときなどに用いたとされます。

道具の工夫と身体的技法を用いて巧みに潜入し、ときには足跡や音をわざと使って敵を欺きながら忍び働きを行っていたのです。

動物の歩きの真似をする

『正忍記』にある「四足の習い」には動物の姿形を真似したり、犬や猫の鳴き真似から習性の真似をすることなどが記されます。

面白いものだと、犬の身震いするときの音を着物の袖を摘んで振ることで再現するといったことまでさまざまです。

江戸時代に記された百科事典『和漢三才図会』には、遊偵《ゆうてい》（間者のこと）の項目に犬の着ぐるみのようなものを着た図が描かれています。このように敵の屋敷などへ闇に乗じて潜入する際には動物の姿に変装して忍び入ることがあったようです。

忍道では「四足禽獣の習い」といってさまざまな動物の動きを行います。犬、猫、猿、蛇……といった動物の動きを数種類行います。

特に四つ足動物の動きは手を地面に着けて動きます。これはとても大変ですが、日頃の使われない身体の感覚が養われ、とても良い運動になります。また、地面に手を着くということには普通、無意識の抵抗があるために転倒した際に重心が高くなりがちですが、こうした四つ足の稽古をして慣れておくと、即座に低い姿勢に移ることができ、転倒による負傷の防止にも役立つと感じています。

忍道で稽古する神足法

こうした傳書に基づくさまざまな歩法と、総師範の川上仁一先生による口伝によってまとめられたものが忍道の神足法です。基本となる数種類の忍び足とそのバリエーションで構成されていて、初歩では約12種類の歩き方を学びます。

ここではその一部をご紹介します。

基本となるのは低い姿勢で両手を前方に伸ばした形です。これは視野が利かない暗がりという前提で、手探りをしているためです。

そこから抜き上げた足を軸足の膕《ひかがみ》に付けます。こうすることで重心が前方に流れるのを防ぎ、常に軸足でバランスを保つことができます。そこから軸足を曲げるのと一緒に足を出して地面の様子を探ります。

このように一歩一歩と前方と足下を警戒しながら静かに進んでいきます。そしてもし撒菱などの要害が地面にあれば、探っているその足を膕に戻すことで、踏み込んでしまったり音を立てたりすることがないようにします。

忍道「神足法」稽古

横向き歩き

足先・足甲歩き

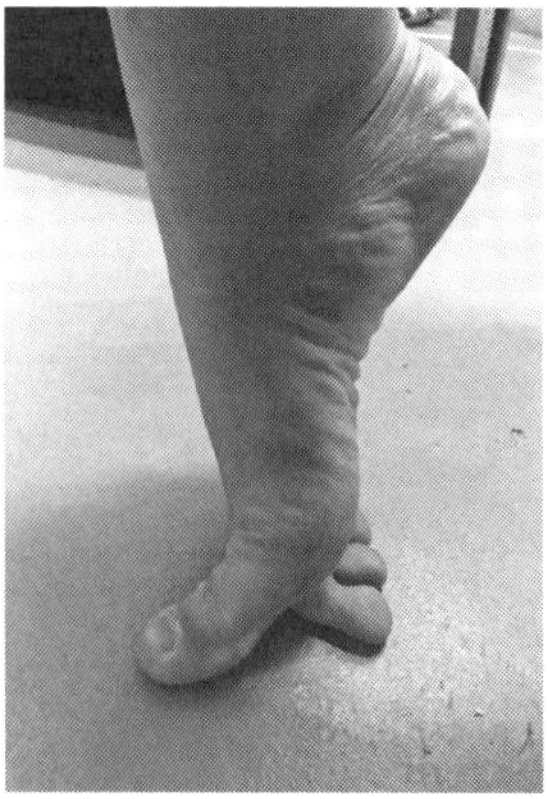

次に横向きの歩き。これは壁際を移動する際であったり、転倒の危険があるような場所を移動したりするときに、正面に歩いていると転倒時に刀の鍔や懐のものが腹に食い込んで受身が取りにくい状況でも、横向きに歩いていれば横受身で腹を打つことなく、腰のものの捌きも比較的容易であることから用いる歩法です。

こちらも同様に軸足でバランスを保ちながら膕を経由して足を交差させながら進みます。手も交差させるのは身体の捩れとも関係しますが、実用的には腰の廻りの道具や刀を捌きながら歩を進めているイメージです。

最後にご紹介するのは足先や足甲での歩きです。これは安易に真似をすると足首や膝を痛めるので注意が必要です。バランスと足首を他の修行などでよく鍛えてから徐々に練習して行います。足指や足首の柔軟性を鍛えることができるのと、山中で足首を思わず捻った際にこの姿勢でのバランス感覚を身につけていれば、足首や膝を負傷から防ぐとされます。また、鍛えた足先で傾斜地を刺すようにして登ることもできます。

副次的な効果として、この歩法で鍛えた足指で相手の足を踏みつけると、体重が一点にかかるので強烈に押さえることができるようになります。

伝統的には足を負傷したり不自由な様子を演技する際に用いた歩き方とされ、敵地へ足を引

昭和の忍者として有名な藤田西湖氏の足先の鍛錬の写真。同様の稽古は忍道でも行う。
（藤田西湖『どろんろん』日本週報社、1958 年）

き摺りながら物乞いに扮して近づいたという話もあります。

忍道で学んでいる歩法の一部をご紹介してまいりました。これらは忍び込む際の実用ということもありますが、基本的には下半身の鍛錬やバランスの向上に重きを置いています。単に鍛錬するのではなく、それぞれにシチュエーションを想定して取り組むことで、必然性を感じながら取り組めるところが忍道の稽古の醍醐味です。

これらの稽古の難易度は際限がなく、自分に無理のないペースで行ったり、目を閉じて行ったり、山中や森林で行うといった具合に修行して、より深く感覚を研ぎ澄ますことができます。

歩法の大切さ

こうした歩法を鍛錬していて気づいたことがあります。それは音を立てないように歩くことで、誰しもが下丹田への力の集約感を感じられるということです。

足音を立てるということは、自分の運動エネルギーが外に漏れて音に変換されていると言い

親子イベントで「四足の習い」として四つ足でのさまざまな歩き方を紹介する著者。子どもたちは身体が軽くしなやかなので大人よりも上手い。

換えられます。つまり音を立てないように意識して歩くことで、日頃漏れてしまっているもったいないエネルギーを回収できるというわけです。

そのとき、バランスの中心となるのは下丹田ですから、漏れていたエネルギーがそこに集約されてきます。足音をケアして歩くだけで実はかなり大きな力を得ることができます。

もう幾年も前のことになりますが、こんなことがありました。私がインバウンド向け忍者体験ツアーの仕事に従事していたときの話です。

アメリカから一人のお客様がいらっしゃいました。お客様の様子を見て、体の動きが少し不自由な感じがしたので、機転を利かせて体験内容を即興でアレンジし、バランスに関する歩法の稽古を中心にゆっくりとした忍者体験をしていただきました。

するると体験後に、お客様は実は未熟児でお生まれになっていて、感覚にハンデがあるのだと告げられました。そして、今までずっと不自由だったバランス感覚が、稽古の中で膝を少し曲げて、中心軸を感じ、静かに歩く練習をすることで大いに改善したと大変喜ばれ、「こんなことはこれまで体感したことがない！　真っ直ぐ立てる！」と嬉しそうにチップまでくださいました。その言葉を聞いて大変に感じ入った日のことを今でも鮮明に覚えています。

このように忍びの鍛錬はときとして現代においても有効で、そこから役に立つものが見つかります。本章の歩法もその一つです。テクノロジーの発展で身体性が失われつつあると叫ばれて久しい昨今、こうした古の技法が子どもたちをはじめ現代に生きる我々に与えてくれるものは決して少なくないと思っています。

【拾壱ノ巻】

忍者と手裏剣

手裏剣との出会い

忍者と手裏剣のイメージは切っても切り離せないものとなっており、「手裏剣は忍者の武器である」という認識をお持ちの方は少なくないと思います。

手裏剣は日本に限らず、海外でも「Ninja Star」（ニンジャスター）の名前で知られ、面白いことに法規制を受け、多くの国々で所持自体が禁止されているほどです。

世界中の人々からも忍者の武器としてよく知られている手裏剣ですが、その歴史と武術としての実像については実のところはあまり知られていません。私が忍者の世界に入って以来、ずっと稽古しているこの手裏剣術。その奥深い世界を皆様にご紹介したいと思います。

私は松聲館の甲野善紀先生の手裏剣術の演武をテレビで拝見して、いつか自分も手裏剣を打ってみたいと思っていました。甲野先生の稽古会に参加していたあるとき、ある人に、「忍者の仕事なら手裏剣も稽古できる」と紹介されてこの世界に入りました。手裏剣が打ちたくて忍者を始めたと言っても過言ではありません。

忍者体験ツアーの師範をする仕事のために、まずは練習として塗り箸を手裏剣術で的に打つ稽古が始まりました。十字の手裏剣を的に打つのは比較的容易なのですが、吊るした段ボールの的に塗り箸を打つのは、最初はなかなか難しいものでした。しかし、本物の棒手裏剣を打つ前に箸で練習することは、手裏剣の手の内を勉強するのにとても良い稽古だったと思います。

剣先を上に向けて打って、4分の1回転、つまり90度だけ空中で傾くようにして的に刺す直打法と呼ばれる技法は、習得するのに長い時間を要しました。

箸がある程度上手く刺さるようになると、重さのある鉄製の棒手裏剣は比較的楽に刺さります。お客さんの前に本物の忍者として立って、手裏剣が全然刺さりませんというのでは立つ瀬がありませんから、これはよく練習しました。

またその後、甲野先生には他の武術と並行して手裏剣術についても度々ご教授いただき、手裏剣の作り方から打ち方に関する工夫、昔の手裏剣の達人エピソードなどたくさんのことを学ばせていただきました。今もお会いすると手裏剣のお話をお聞かせいただくことがあります。こうした手裏剣のエピソードについて知りたい方は、甲野善紀先生の『神技の系譜』（日貿出版社）という本が大変お勧めです。

忍者ツアーでの手裏剣体験の工夫

インバウンド観光客として日本を訪れた外国人が忍者体験でやってみたいことと言えばもちろん手裏剣です。忍者になりきって手裏剣を打ってみたいというのは当然の人情です。

最初の頃はあまり疑問に思いませんでしたが、ツアー担当を長いこと務めていると、手裏剣を単なる的当てゲームのようにして楽しむだけで本当に良いのだろうかと疑問に思うようになりました。それだけでは日本的な文化や精神をお伝えすることができないと思うようになったのです。

そこで、まず的に礼をして心を鎮め、下腹に気を下ろし、そこから構えて的に手裏剣を打ち、当たっても当たらなくてもリアクションをせずに残心を維持し、また礼をして下がる、という手順を体験してもらいました。その際に〝なぜそうするのか〟という意味も伝えながら。

手裏剣を力一杯投げ、その当たり外れで単に一喜一憂するのではなく、「集中して残心する武道的な心の静けさ」や、「波立つ心をとらえて堪える忍びの精神」を伝えることが、文化体験の本懐なのではないかと考えたからです。

著者が忍者体験ツアーに従事していた頃の様子。世界中からやってくるお客さんに楽しみながら日本文化を感じてもらえるように日々工夫をしていた。

形状の異なるさまざまな手裏剣。

ただし、文化の違う外国人にこうしたことを上手く伝えるのは口で言うほど簡単ではありません。しかし、この路線が功を奏し、本当の意味で礼法や心を鎮めて残心をとることの意味が伝わったときの感動したお客さんは表情が違います。単にテンション高く楽しいだけのときと比べて何とも言えない目の輝きがあります。手裏剣を通じて世界中の人たちと精神を共有した瞬間は、私にとっても大変貴重な経験でした。

全日本忍者手裏剣打選手権大会

「全日本忍者手裏剣打選手権大会」(旧・伊賀流手裏剣打選手権大会)に、私は2012年に行われた第4回から2020年の第11回大会まで毎年参加していました。

この大会では規定の十字手裏剣を、男子6メートル、女子5メートルの距離から直径30センチの的に向かって打ち、その得点を競うもので、毎年全国の会場で予選会が開かれ、多くの方が参加しています。

全日本忍者手裏剣打選手権大会

2020年に行われた第11回全日本忍者手裏剣打選手権大会ポスター。左に著者の姿もある。

(左) 大会用の公式手裏剣。ステンレス製でわざと打ちにくいサイズと形状に設計されている。四方は鋭く刃がついており、上手く打たないと自らを傷つける。よく緊張して指を切る人がいた。

(右) 本戦会場の的までの実際の距離。赤線 (※写真奥) が女性、青線 (※写真手前) か男性の仕切り線。的はとても小さく見える。左側が客席で多くの人が見守る中での投擲はとても緊張した。

その中で全国上位40名までが伊賀（現在は甲賀）での本戦に出場でき、当時の優勝賞品はなんと純金製の手裏剣というものでした。全国の忍者関係者や忍者好き、手裏剣好きの人たちが参加して、その腕前も年々レベルが高くなっています。私は毎年予選を通過して、最高成績は2014年大会での全国9位でした。

この大会の存在があったので仲間内でたくさん手裏剣を稽古するきっかけにもなりましたし、それが自身の上達にもつながりました。

また、本戦出場で伊賀や甲賀に全国から参加者が集まることで人脈ができ、忍者界全体に横のつながりと盛り上がりを与える大会になっていると思います。

手裏剣の分類

このようにさまざまな形で携わってきた手裏剣ですが、そもそも手裏剣とは何なのでしょうか。基礎的なところからお話ししますと、手裏剣の形状はおよそ二種類に大別できます。

俗にいう十字形や星形をしたような棘が四方八方に向いたような平たい形状のものを「車剣」と呼びます。一方で、火箸や鉛筆のような棒型の形状のものを俗に「棒手裏剣」と呼びます。

一般には前者の車剣を指して手裏剣という認識かと思います。武術通の方は棒手裏剣こそ手裏剣なのだ、というご意見もあることと思います。確かに武術として多くの流儀で稽古される手裏剣は棒手裏剣であることがほとんどで、車剣などは現在でも観光地の忍者体験などで見られますが、武術の流儀として稽古されることは稀有かと思います（手裏剣の形状が伝わっている古流武術流派はあります）。

この車剣と棒手裏剣を合わせて手裏剣と呼ぶということは世間一般の理解だと思いますが、ここではもう一歩踏み込んでお話をしたいと思います。

古い資料を調べますと、手裏剣という概念は想像より幅が広いことがわかります。ここで藤田西湖著『図解手裏剣術』より手裏剣術の解説を見てみましょう。

「この手裏剣術は、護身と攻撃を兼ねた術で、大別すると二法となる。その一を留手裏剣、他を責手裏剣という。

留手裏剣には、忍手裏剣・静定剣・乱定剣の三伝があり責手裏剣には火勢剣・薬剣・毒剣

の三伝がある。

忍手裏剣というのは、手裏剣術用として特に用意された（特定の）手裏剣をもって、敵を撃つ方法で、通常いわゆる手裏剣術とは、これをいうのである」

（藤田西湖『図解手裏剣術』名著刊行会、1999年）

とあります。つまり先に述べた車剣も棒手裏剣も二法六伝あるうちの一伝である「忍手裏剣」に分類されるに過ぎないというわけです。

この六伝をザッと私なりにご説明します。

【留手裏剣】

●忍手裏剣

あらかじめ手裏剣術用に用意された手裏剣をもって敵を撃つ。

●静定剣

刀、脇差、小柄、懐刀など身につけている刃物を手裏剣にする。

●乱定剣

急場に応じてその場にあるものを敵に投げつけて窮地を脱する。

【責手裏剣】

●火勢剣
火矢や松明《たいまつ》、消えにくい火薬を詰めた筒などに火をつけ、それを打（撃）って敵を責める。

●薬剣
唐辛子などを混ぜた粉を打って目潰しに用いる。

●毒剣
毒薬を混ぜた粉を敵に打つ。当たった敵は死に至る。

忍手裏剣は名前に忍が入っていますが、「忍者の」というわけではなく、忍ばせて携帯するという程度の意味かと考えます。

この『図解手裏剣術』にある二法六伝の分類は、古い手裏剣術の流派である孟淵流の傳書に基づく記載と思われます。

江戸期以前は今よりも広い意味で手裏剣という語を使用していたと推測されます。これらは当時の手裏剣概念を理解するのにとても良い資料でありますし、この分類は武術としての手裏剣術の奥深さを物語っています。

忍術書に記載の手裏剣

手裏剣とは敵に何かを打つことで利を得るもの全体を指すものである、という広い視点を持って、忍術書に記載されている手裏剣のことについて見てみましょう。忍術傳書『万川集海』には火器編に大量の火術ならびに松明の教えが登場します。

全二十二巻ある『万川集海』のうち、手裏剣の登場はこの火器編に数箇所確認できます。ここでは松明を手裏剣に打つという、意外とも思える記載があります。忍術のバイブルともいうべき『万川集海』に僅かその程度しか手裏剣については説かれていないのです。

『万川集海』の松明を手裏剣に打つ教えの箇所には図説がないのでどういうことかわかりにくいのですが、『万川集海』の元となった『軍法侍用集』には投松明の図があります。

裏剣と投松明

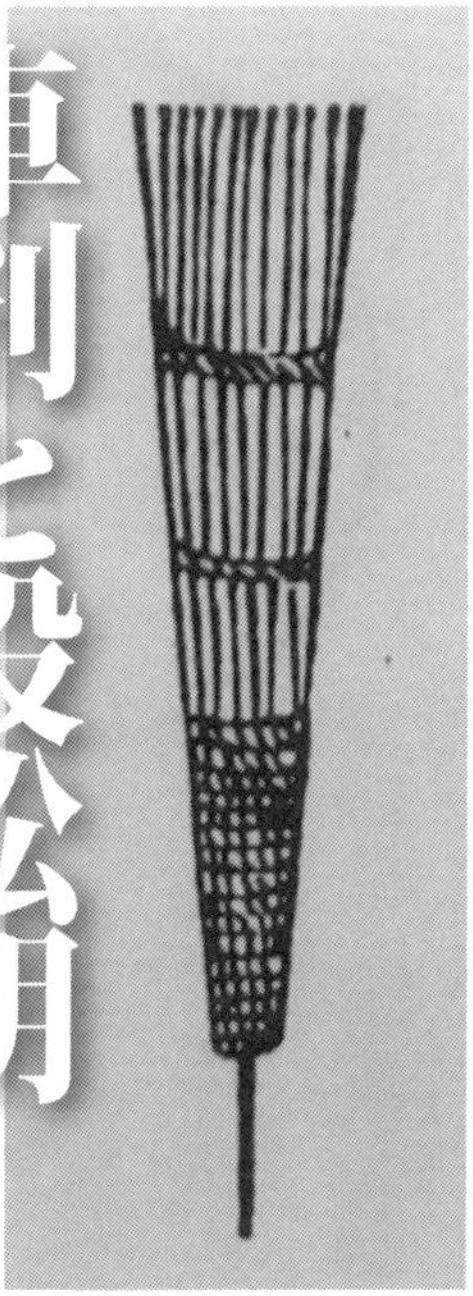

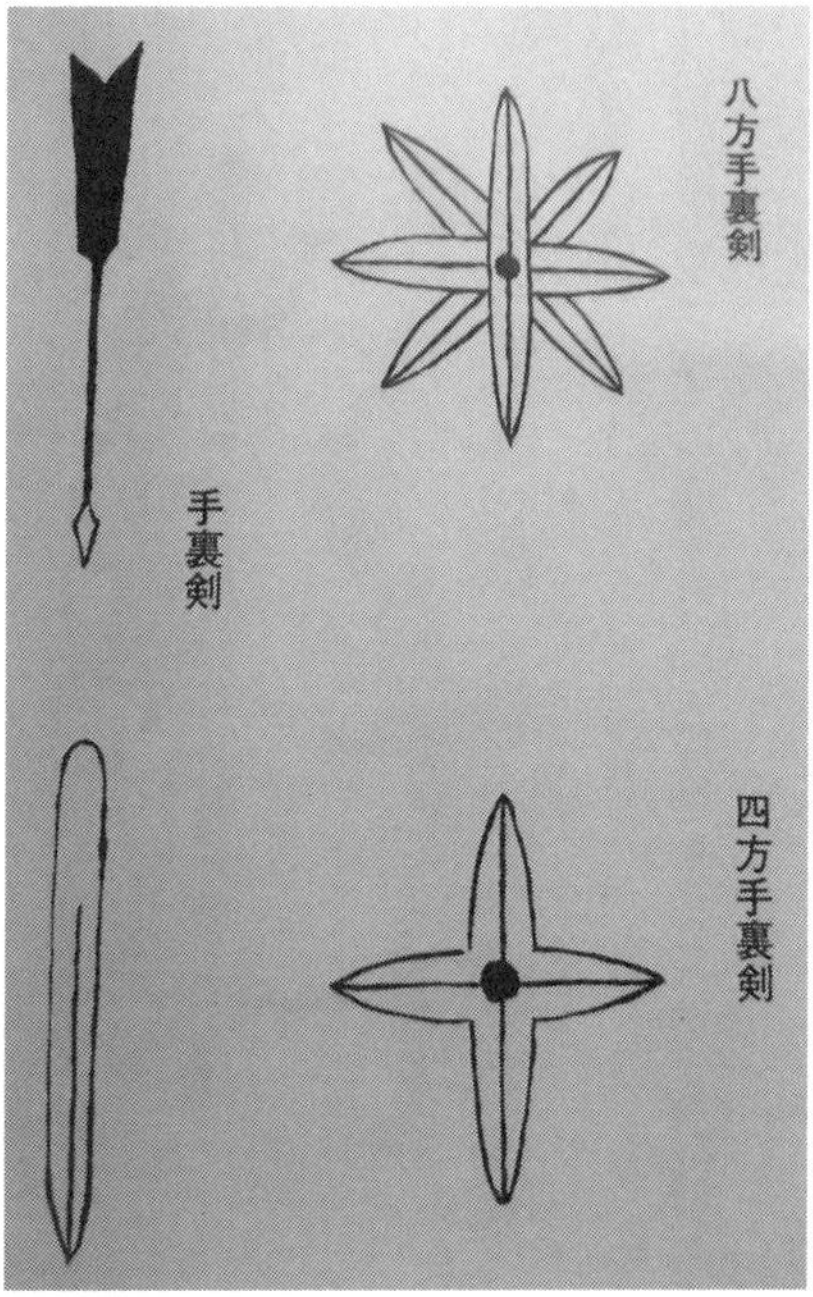

（右）手裏剣の図（伊賀流忍者博物館　文責・川上仁一『伊賀流忍術隠火之巻』）
（左）「投松明」（魚住考至『軍法侍用集の研究』ぺりかん社、2001）

イメージされる手裏剣とは異なりますが、こうした先に釘をつけた松明を敵の家屋に手裏剣術で打ち込むような用い方をしたであろうことが推測できます。しかも人に打つものではないとの記載は、手裏剣術というものの範疇が対人のものだけに留まらないことを示唆しています。先ほどの『図解手裏剣術』の分類で言えば、これらは火勢剣に属するものになるでしょう。

忍術書に登場する車剣

次にお話ししますのは、忍術書の中で十字手裏剣や八方手裏剣を記載している『伊賀流忍術隠火之巻』という傳書の存在です。この傳書の原本は伊賀流忍者博物館に保管されています。これは制剛流柔術の道具の巻と酷似している部分が伺える資料なので、そうした柔術の教えを忍術の中に取り入れたものと思われます。

忍術傳書としての体裁の中にこうした車剣の手裏剣の絵図があるのは大変珍しく、というより、私の知る限りこれが唯一の資料であると言えます。また制剛流以外に諸賞流の傳書にも似た形状の車剣の絵図を確認することができます。記載された道具の並びや文脈から言って、手裏剣は主に捕物に用いられた柔術の道具の一つだったのではないかと推測しています。

捕物とは立て籠もりなどの犯人を捕らえる務めのことです。『万川集海』の中にも捕物についての教えが出てきます。そこでは「忍びは捕物を専らの仕事にしてはならないが、最近はそうした役目もあるので概要を示す」といった態度で記されています。つまり、本来は忍びの仕事ではないが、捕物を行う際に柔術の教えを学び、その道具や技法を忍術に取り入れる形で残したのではないかと考察できます。

捕物は難しい仕事で、敵を討つのではなく生け捕りにしなければなりません。敵は武装して抵抗してくる可能性があります。そのため、投げ打つ武器で遠間から殺さない程度に攻撃を加え、戦意を喪失させる必要があります。

その一つの技法として車剣での手裏剣術が用いられたのではないかと考えます。

手裏剣は忍者のものか？

このように忍術書を見渡しても、手裏剣術に関することは松明や捕物といった特殊な状況での武術文脈で僅かながら登場するだけで、史実として手裏剣は忍者のメイン武器のようなものではないことがおわかりいただけたかと思います。

当時、忍びによる手裏剣の使用状況などはよくわかりませんが、『図解手裏剣術』の分類的な広義の手裏剣術という概念は古くからあったものの、手裏剣術はあくまで武術であるということが言えそうです。

忍者と手裏剣のイメージが結びついた要因は、昭和の忍者ブームの影響が大きいと考えます。

この辺りの研究は吉丸雄哉教授の『忍者とは何か　忍法・手裏剣・黒装束』（角川選書、2022）に詳しいのでぜひお読みいただきたいのですが、私なりにお伝えしますと、成瀬関次の著書『手裏剣』や藤田西湖の『忍術秘録』などによって紹介されたさまざまな形状の車剣が後の忍者作品へのインスピレーションを与え、忍者映画の中で車剣が登場し、それが再生産されるうちにイメージとして定着して今に至るというわけです。

実戦「手裏剣術」の稽古！

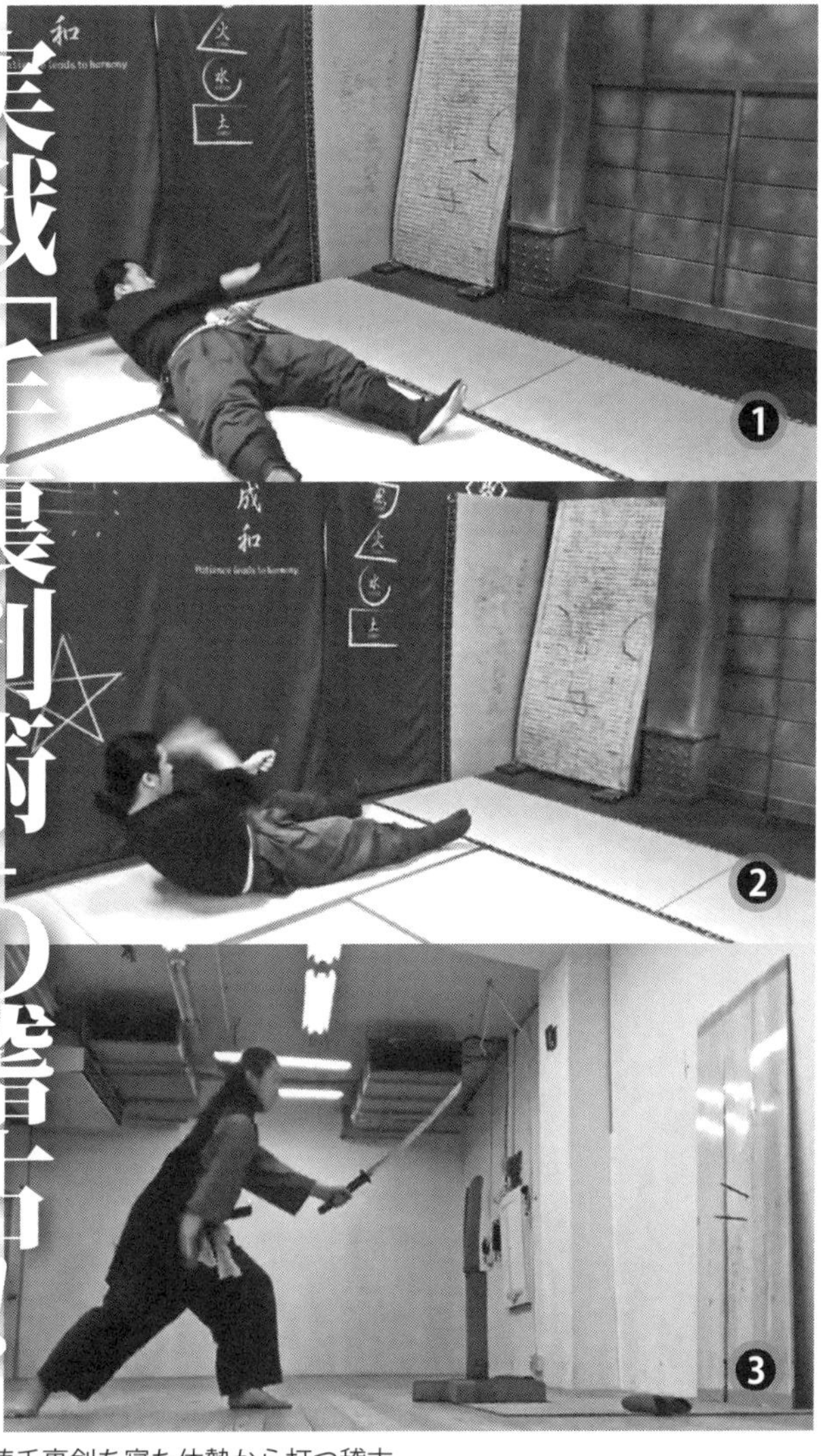

❶❷棒手裏剣を寝た体勢から打つ稽古。
❸手裏剣と試斬を合わせた稽古。真剣の抜刀なども組み合わせることで、距離による手裏剣術の役割が見えてくる。

私は手裏剣と忍者は関係ないといった野暮なことを言いたいわけではありませんが、忍者として手裏剣のことを発信していくのであれば、その成り立ちや忍者との関係をよく理解した上で上手く世界観を構築すべきだと考えています。

武術として稽古も積んで、この手裏剣術の世界を深め、良いものとしてこれからも発信していきたいと思っています。

【拾弐ノ巻】

忍者と演技

演劇に触れた学生時代

さて、これまで私が活動してきた中で、少なからず関わってきた「演ずる」ということと忍者についてお話ししたいと思います。

実は著者は中学から高校まで演劇部を経験しています。当時は柔道部に所属していたこともあり、演劇にそもそもの関心があったわけではないのですが、何かと人前でアガらずに話せることなどを評価され、顧問の先生や女子部員から演劇部を手伝うように誘われ、半ば無理やり引き入れられる形で練習に参加していました。その当時、演劇部には男子部員がほとんどいなかったため、男役の要員として呼ばれていたのでした。

これまで学芸会程度でしか演劇に触れたことのない自分に演技などできるはずもないと思いながらも、台本を渡され、読み合わせをして、セリフを覚え、発声練習やら滑舌練習、受け答えから出捌《では》けなど……と、さまざまな稽古をしていくうちに、あれよあれよと舞台の本番を迎えてしまいます。

初舞台は初老の紳士の役だったと記憶しています。はじめこそ無理やり付き合っていると思っていましたが、演劇はやってみると案外と楽しいもので、それからというものなんだかんだで高校卒業まで演劇部に携わり、高校演劇の地区大会やら文化祭公演やら卒業公演などなど、さまざまな舞台で役を演じることとなりました。

そんな学生時代だったのですが、つい先日、その当時の顧問の先生が引退されるということで、演劇部のＯＢＯＧの集まりにお呼ばれしました。そのときの集まりでもみんなに話したのですが、あの頃ただの手伝いで携わった演劇の世界に、その後、部員の誰よりも関わることになろうとは夢にも思いませんでした。

忍者業界に入って

忍者業界に入ってから、この中・高時代の演劇の経験がますます活かされることになりました。現場ではある種、本物の忍者としての役を演じる必要があるからです。普段のツアーではお客さんの前で、手下の忍者であったり、師範であったり、ときには敵方の武士になったりと、

変装と内面の変容

衣装に身を包むことで内面的な変容が起こる。気が引き締まるというレヴェルから身体能力の向上まで。写真は白装束に身を包み修験道の行事に参加する著者。

あれこれ伝える上でさまざまに演じる必要があります。

ただし、ここでは決められたセリフのある舞台演劇とは違って、自分の言葉で説明も加えねばなりません。ある意味で、舞台以上にとても深く役に徹する必要があります。

これは面白い気づきだったのですが、忍者装束を着て、頭巾に覆面をして姿形が忍者になると、内面まで変化が起こります。マスカレード（変装）による自己の内面の変容と言っても良いかもしれません。そしてこちらが心身共に役になりきることで、お客さんは初めて「本物」を感じるのだと思います。もちろん演技でやっているという後ろめたさなど微塵もなく、実際に修行して役以上の本物であるという自負も同時に持って臨むことは重要でした。

転機となる出演

そんな仕事を繰り返していたあるとき、大きな話が入ってきました。あのWWE（世界最大のプロレス団体）のスーパースターでハリウッド俳優である「ロック様」ことドウェイン・ジョンソン氏が映画の宣伝のために12年ぶりに来日し、テレビに生出演するとのこと。その際に、日本の剣術を体験したいというオファーがあり、なんとその指南役として私に白羽の矢が立ったのでした。

この依頼があった２０１４年当時、年齢的にも私は今よりさらに若輩でしたが、あくまで師範役として出演し、無事に指南を務めるのがホスピタリティでありプロフェッショナルであると、自らを奮い立たせました。

ここはまさしく日頃の武術稽古と演技力が試される場。生放送で、一人での演武披露もあり、失敗は絶対に許されないものでしたが、なんとか無事に放送を終えました。この仕事を乗り越えたことはその後の大きな自信へとつながりました。

もう一つ、私の出世作と言えるものが、ドイツで有名なヨーデル歌手の石井健雄氏とThe Gregory Brothersというアーティストグループによる YouTube ミュージック動画「Chicken Attack 鶏攻撃の術」に出演したことです。この動画は２０１７年公開のものになりますが、現在までに２７００万回以上再生されています。

実は撮影当日は、ミュージックビデオの撮影といった具合のざっくりとした企画を聞いていただけで、詳しい内容などはよくわからずに現場に入りました。ほぼ全員が海外の撮影クルー。

著者が参加した「Chicken Attack 鶏攻撃の術」というミュージックビデオ。中毒性のある曲が世界的にちょっとしたブームになった。YouTube で視聴可能。
https://youtu.be/miomuSGoPzI?si=6KRn_Yvtw8Q4f_Wm

そうした環境に置かれながらも、英語での監督の演出を読み取りながら、こちらも動きのアイデアを英語で伝え、とてもクリエイティブな撮影となりました。

このときの監督は僕が武術的に動けるということをあまり知らなかったようで、戦いや逃げ方など表現したところ、その案を気に入って、すぐに採用してくれました。休憩中、世界的に有名な石井さんにヨーデルの歌い方を教わったことも大変貴重な思い出です。

忍びと芝居

さて、これまでさまざまな演者としての出演のエピソードをお話ししてきましたが、伝統的な忍びはどうだったのでしょう?

実は忍びと芝居には深い関わりがあります。忍術傳書『正忍記』には変装の教えとして七方《しちほう》出《で》というものがあります。

●こむ僧
●出家
●山伏
●商人
●放下師《ほうかし》
●さるがく
●つねの形

これら七つの職種の人間に変装することで敵に上手く近づき計略を謀るというものです。この後に「おのれの得たる所を学んで、心静かに忍ぶべし」とありますから、姿形を似せるだけでなく、芸事として得意なものを実際に学んで身につけるべきであるという意味と理解できます。

この七方出の話自体がそもそもその職種になりきるという意味において演劇的なのですが、中でも「放下師」と「さるがく（猿楽）」は能や狂言といった芝居や、今日の大道芸的なものを含む雑芸全般を言いますので、より演技と密接といえます。古来より芸事は人の心を魅了し

輪鼓

台湾での仕事の際にお借りしてやったディアボロ（輪鼓）。忍びとこうした放下師の技には伝統的に関係がある。

ます。それを利用して上手く人脈を作ったり、情報を引き出すなどしたことは想像に難くありません。今も昔も演技力は忍びに欠かせない技術の一つなのだと言えるでしょう。

余談ですが、この放下師が行った芸の一つに「輪鼓《りゅうご》」があります。これは鼓のような形をした空中コマを二本の棒に渡した紐で回して、放り投げたり、絡めてみせたりするもので、現在は「中国ゴマ」や「ディアボロ」の名で知られます。忍者の仕事を始める前に偶然にも練習をしていたことがあります。先ほどお話しした高校時代の演劇大会の余興コーナーで各校の演劇部員が見守る中、パフォーマンスを披露したこともあります。こうしたことを古くから放下師も行っていたと後で知って驚きました。

演劇再び

ここ最近はMPSさんという演劇集団からのご依頼で、月に数回、俳優さん向けの武術指導に伺っております。ドラマ出演や舞台俳優やグラビアアイドルとしてなど、さまざまに活躍されている皆さんに、武術の指導をしています。拙いながらも私のこれまでの経験も交えながら、お芝居でも役立ちそうな武術的な身体操作などをお伝えしています。

私が以前よりご指導を仰いでいる松聲館の甲野善紀先生も「演劇と武術は共通点が少なくな

シェークスピアの『リチャード三世』原作の舞台「Looking for Richard」にて。出演のMPS俳優さんとの記念写真。プロの演劇の現場で学んだことは大きい。普段武術を教えている若手俳優さんたちの現場の吸収力と成長を間近で見て大変感じ入った。

い」と、よくおっしゃっています。武術も演劇も日常生活において無縁で生きている人はいないということがその一つです。甲野先生の言葉を借りれば、武術は対応の技術ですから、身体は絶えず環境に適応するためにさまざまな敵と戦っています。また、演劇も職場でも本心の感情を剥き出しにしては物事は上手くいかないので、その場に応じたキャラクターを演じていると言えます。そうした意味において、両者は共通しています。

さて、こうした共通点の学びを自身でも確認するうちに、昨今は

ケーツビー役を演じた著者。

さらに面白い展開になってきました。このMPSさん主催の舞台に出演することとなったのです。

原作はあのシェークスピアの『リチャード三世』で、タイトルは「Looking for Richard」。私は陰謀の渦中で暗躍するケーツビーという人物の役でした。高校以来の舞台。これまでに培った経験を頼りに臨み、若い俳優の皆さんの熱意の中で揉まれながらの本番8公演の出演を終え、大変勉強になりました。

中でも面白かったのが、だんだん役に入り込んでいくうちに、これまでの人生で見ないようにしてきたであろう、自らの暴力性が、ケーツビーというキャラクターを通じてじわじわと湧いてくるのを感じ、それをあえて舞台上で表現として曝け出してみたことです。そのときの日常生活では決して見ることのできない、心の変化を観察できたことは、武術的にも大きな学びと収穫でした。

映画への出演

2023年は『月刊秘伝』やYouTubeでもお馴染みの「ほしみん」こと浅井星光《ほしみ》さんとのご縁で、映画「叢雲《むらくも》～ゴースト・エージェンシー～」にほんの数秒ですが、空手の審判員役でカメオ出演させていただきました。一言ですがセリフもあって、人生初の映画出演となり大変光栄でした。

銀幕の中に登場する自分の姿に「高校時代に演劇をやっていた頃からは想像もつかないところまで来たな」と思い、感無量でした。そうしましたら、ほしみんさんよりなんと！　新たな映画「英雄傳」への出演オファーをいただきました。

監督は特撮界で伝説的な坂本浩一監督。システマ東京の北川貴英先生や合気道の白川竜次先生といった、ここ数年YouTubeでご一緒している錚々たる武術家の先生方が総出演。そんな先生たちと一緒に、現在、映画の撮影に向けたお芝居やアクションに挑戦しています。

特にアクションは武術と似ていますが全く異なる技術。安全に、かつ、迫力を伝えるアクションの動きに大苦戦しています。映画「英雄傳」、皆様にはぜひご覧いただきたいです。

映画「英雄傳」武術とアクション

映画「英雄傳」のアクション稽古会にて。向かって左から、著者、システマ東京・北川貴英先生、坂本浩一監督、合気道・白川竜次先生、カポエイラ・笹森ゲヘイロ先生。

北川貴英先生と演劇のセリフや動きの稽古に勤しむ。

映画「英雄傳」の稽古後の記念撮影。自分の膝に乗ってチャーミングな、ほしみんこと浅井星光先生。後ろには影武流の雨宮宏樹先生の姿も。ハードな稽古の後の砕けた雰囲気の一幕。

気づくに気づく

これまでこうして芝居や武術の稽古に触れてきて、武術・忍術と演ずるということは己の本質を学ぶ上で相互に補完する関係にあるように感じています。普段、無意識下で行っている作業を意図的に顕在意識まで上げて再現し、それがまた無意識に再現されるように精度を高めていく、を繰り返すという学び方は、武術の技も演劇のコミュニケーションも似ていると思うからです。

ほしみんさんに教わった演劇のワークで「気づく」練習というものがあります。何かを見たときに「気づく」ことを演技として意図的に再現するにはどうしたら良いか、という禅問答のような課題です。そのためには人が何かに気づく様子をつぶさに観察したり、自分が気づいている様子を撮影して確認するなどして、自己の理解を深めていきます。

「気づくに気づく」とでもいえば良いでしょうか。私はこの課題が大好きです。なぜなら、忍びにとって相手の些細な変化に応じて謀ることは古来より重要とされているからです。また、日常生活でも危機管理として周囲の異変や自分のコンディションに気を払うことにもつながると考えます。

こうした稽古を通じて、先に触れた甲野先生のおっしゃる「演劇と武術は共通点が少なくない」の言葉の意味を、少しは身体を通じて感じられるようになってきたかなと思っております。

特別収録

日に160km踏破する！ 不及流歩術「万民千里善歩傳」とは

著者は以前より古の歩き方・走り方に関心があり、いわゆる飛脚や忍びの早道、遠足《とおあし》の技術に想いを馳せておりました。

あるとき、忍術の呼吸法などを調べている中で、三重大学国際忍者研究センターのWEBサイトに気になる記事（「(エッセイ) 伊賀者も使っていた？ 不及流歩術なる武芸」）を発見しました。

『「不及流歩術」なる『武芸』の文献を目にすることができました。『増補大改訂 武芸流派大事典』によるとこの不及流は、『江戸中期の人、岡伯敬《おかはっけい》が祖。伊賀者の歩行術という』と書かれています。（中略）岡伯敬曰く不及流ならば、『健康な人なら1日40里（約160㎞）はたやすい』と言うのです」

「不及流歩術」は明和8年（1771年）の傳書で、岡伯敬が祖。この術を用いれば、健康な人なら1日四十里（160㎞）を移動できるとされる、驚きの内容です。

今回収録する資料は、著者が所有する「万民千里善歩傳」（皇都書林 1863年）と「雑芸叢書第二」（国書刊行会 1915年）に記載の「不及先生千里善走傳」を併記したものになります。

それぞれ奥付に「万民千里善歩傳」が明和8年（1771年）、「不及先生千里善走傳」が明和9年（1772年）とありますので、ほぼ同時期に刊行された原本を元に皇都書林が文久3年（1863年）に、国書刊行会が大正4年（1915年）にそれぞれ復刻したものと思われます。

岡伯敬が不及斎という人物に師事して千里善走の法を伝授され、その内容を一般向けに記すという体《てい》で記されています。

この2点の資料は若干の違いがあるものの、ほぼ同一内容であります。後者のほうが語句が若干足されていて、少しばかり詳しい印象があります。

この資料の時代背景としましては、明和年間は10代将軍徳川家治の時代。文中にも目標地点として伊勢が登場することからわかるように、いわゆる「お陰参り（伊勢参り）」ブームを背景に何度も印刷されて「万民」とタイトルにあることからも庶民が学んだ歩行術と思われます。

前者の資料は崩し字で記されているので馴染みのない方には難しいと思いますので、大正期の翻刻に近い形の後者資料を併記した次第です。

注目していただきたいのは前者の資料には絵図が残されている点です。これは他の資料にはない特徴で、身体的技法の内容理解として大いに参考になりました（本項の最後に、資料の全ページを画像にて掲載）。また、難しいと思われる単語には注を入れ解説を記載しています。

内容につきまして、この歩行術の特徴はなんといっても三ッ足運歩法を基礎としているところです。

真・行・草の三つの技法から成り、それぞれ、五分五分に歩く、四分六分に歩く、思うがままに歩く、という具合に重心の分配の在り方に重きを置いています。

そこから展開して、裃《かみしも》を着ているとき、坂道でのコツ、短時間で急ぐときや長距離を行くときの飯の支度、などに至るまで、さまざまに広がってゆきます。特筆すべきは七體之法で三つ足運歩法を基礎にしながら、身体を七つに分割し、重さを巡らせて走り方を変えて疲労を分散する方法です。前述のように、私自身、１００㎞を越える長距離歩行修行でこれらの技法を再現しながら用いましたが、確かな効果を実感しました。

それでは、「不及先生千里善走傳」明和９年（１７７２年）の全文を次に掲載します。

◎千里善走法并序

古昔より千里善走の法ありといえども、祕訣して世の人知る者、暗夜に星を見が如し、去る頃不及先生といへる人、飛廉子（注1）千里運歩之法を知りたまへる由粗承り傳き、矧んや愚も亦性得軟弱にして脚力剛健ならず、常に苦み思ふ折り節、彼の不及先生の門に謁し、就て弟子の禮を執、悉く千里運歩の祕訣を受く、厥後先生の教の如く修行いたし見けるに、日々數十里の道を行に、足無ふして行き翼無ふして飛が如く、曾て以て少も勞倦する事なし、誠に難有運歩の法なる哉、此の法に由て修し得んものは、老若男女にいたる迄行程の時は、相應に脚力健達なるべし、願ふ所の者は人々運歩の法を知て、急を救ふの一善益にもならんかと梓に刻む（注2）

で世に行ふ、肯て博達君子に勧るには非ず、斯を序とすと云爾、

明和八年辛卯冬臘月

岡伯敬撰

◎**目録**

一、三つ足運歩之法

一、肩衣袴穿之節運歩之法

一、上坂運歩之法

一、下坂運歩之法

一、平地運歩之法

一、時切迅足運歩之法

一、七體之法

一、千里飛翼之法

不及先生千里善走傳

門人岡伯敬纂

◎三つ足運歩之法

夫人尋常只何意なく歩行すれば、労倦て脚だるくなり、重ても他出せんとすれば、懶き意生ずるなり、其は運歩之法をしらざるに因てなり、余が家傳に三法あり、此三つの法を意得て行程するときは、何里運といえども労倦することなし、其人相應には験しあるべし、先づ一二三の法を能々考え見るべし、第一は眞の足取と云事あり、此は五分五分に運歩するなり、此を眞の歩驟（注3）とす、第二は行の足取と云事あり、此は四分六歩に運歩するなり、此を行の歩驟とす、第三は草の足取なり、此は人々尋常運歩する所の歩驟なり、克此の眞行草の歩驟を考え見るべし、此三法相分るときは、嘗て以て労倦することなし、

◎肩衣袴穿の節運歩之法

肩衣袴穿（注4）さふらふ節は、常體と違ひ歩行いたし難き様に覺ゆ、此も初傳に述る所の行の歩驟の法を用ゆ、先上下着て歩行せんと欲はゞ、左の足を先へ出し、即ち左を六歩に運び、右の足を四歩に運ぶなり、斯大ひなる祕事なり、太甚あるき易し、然れ共初心の時は、律儀に四歩六歩にあるけば外より視るに見とみなし、是に由て但人の目指ぬ様に四歩六歩に運歩する心持にて行くべし、左すれば人しれず目ただぬ事なり、總じて何にても装束の時は運歩の法同じ、能々考え知るべし、最初は甚だ得がたし、後は修し行に付て次第にあるき易し、其節に至て始て此の法の深き事を論んず、

◎上り坂運歩之法

先づ山坂を登んと欲ば、豫め考えあるべし、其所に必ず階あるか、或は丸太抔の檀ある乎、又外に階なき處には、曽《このまへ》より人の蹈みならしたる路あるものなり、其所を登るべし、此の法は即ち行の歩驟なり、爾時右の足を六歩に運び、左の足を四歩に運て、十間程も歩むなり、次は左を六歩に右を四歩に運て、又十間程も歩むなり、又其次は脊梁（注5）を堅起て腰にて歩む、此は全く眞の歩驟を用ゆ、所謂腰をすへて趾を輕く擧て又十間程も歩む、必しも大蹈歩（注6）に

行くべからず、旋りせんぐり（注7）に最初の左六歩、右六歩、又五歩五歩と腰を切てあるくなり、假令何町歩むとも、此の傳の通に足を運轉ときは、足の沈重こと決してなし、能能試て知べし、

◎下り坂運歩之法

上に所謂上り坂運歩之法の如に心得るなり、乍然此に下り坂には少の訣あり、全體は腰に意廻して趾を擧る事輕く小歩するなり、昔簪の許詢といひし人、好んで山水の間に遊體登陟に便なりと云、便なりと申は歩驟の法に得たると云義なり、尤下り坂などは、路の凸凹のすくなき處を考て歩む事なり、必ず兎徑（注8）など蹈み行くべからず、先坂を下んと欲はゞ、我が兩手を矯《あげる》意持にて肩を使ふて歩む、肩を使ふて歩むと云は、肩を掉て腰をすえ輕足に歩む事、十間計もするなり、又肩と腰とすえて十間許も歩むなり、又其次は脚の底に意を下して輕く運ぶ事、十間計も行く、又或は手を掉て十間許もあるくと云やうに、せんぐりに意持をかえて、十間程位にて運歩をしかえる事なり、全體下り坂は腰をすえて運歩するを純一に肝心とす、道法何程ありと雖、悉《すつき》り如此せんぐりに運歩すべし、然るときは一向勞倦する事なかるべし、

◎平地運歩之法

平地は眞行草の歩驟にて一町づつを限りとすべし、最初は眞を用て五歩五歩とあるき、一町ゆきて夫より左六歩と一町ゆき、又右六歩と一町ゆき、又草の歩驟を用て只何とも思はず一町あるく、右の如く意得て運歩せば、何町有りと雖あるき様かくの如し、但し行の歩驟を四歩に蹈み出す方は、何にても休む意持なり、縦然長途たり共、茶店などにて息にをよばず、程をいそがざれども足は自ら疾着すべき地に至る、此の平地運歩之法は常に意得て用るときは、諸の用事も達すること好《いかう》不速やかなり、乍去無用の道より抔はすべからず、能々意えなば大なる益多るべし、但しあるく事の不得手なる人は、其人相應に益あるべし、常に達者なる人は此法に因てあるく事、飛廉子の如くなるべし、第一勞倦する事なき場にて、此法の深き事を知べし、且つ長途にかぎらず、五町十町乃至二三十町と雖、此の運歩の法に仍ときは、すべて同じ事なり、能々考て工夫あるべし、

◎時切迅足運歩之法

時切迅足の運歩は、假令東三條より石清水へ（注9）は五里の道法なるに因て、八幡へ詣でんとし、朝六ッ時に内を出て、同日四ッ時に歸ん（注10）とするときは、先づ旅装ひす、さきに自己好む

所の様に飯を炊かせ、常よりも加倍して餘分に進といえども、又腹中餘り窮屈ならざる様に支度して、且つ多く湯茶を飲ざる事肝要なり、尤も無用の行李猿引道具を持べからず、唯時の要用底の物計を持て行べし、此上に握り飯兩個と梅干三枚ほど持つべき事なり、其の握り飯を自己の臍の上に當て置、一身の氣を臍下に廻して運歩するときは、五百歩千歩すと雖も、嘗て以て饑する事なし、咽喉渇きたるときは彼の貯る梅干を少し摘みて宜し、忽ち乾きを止て生ず、

魏の曹將軍（注11）智計を以梅林ありといひしかば、軍卒口中津を生じて乾き止しも理りなるかな、因て遠行には必梅干を携ふべし、大に益あり、而して上に謂る如く、眞行の運歩の法を用ゆるなり、總じて疾行んと欲ば、自己の臍下丹田に氣を置て性を急にせず、内を出るとき却て靜に徐々と二三町も歩行する事なり、夫より次第に三法の運歩を用て十町計もゆき、又は十四五町程も行き、せんぐりに眞行草と歩驟を挽て歩む事なり、その上は一里より二里は迅、二里より三里は又迅く運歩するなり、向ふ所へ近くなるにしたがつて甚だ迅く運歩す、因て飛廉子内を出でて善走するときの口傳に曰く、夫人々急ぐときは緩ふせよ、遠に至らば必ず近に至るが如くせよと、右の通に心得なば卯の時に出で、巳の時に歸る（注12）事、率以常とする共曾つて違ふ事なし、最初不達者なる人は、此法の如く速にあるき兼る儀も、遂には其人相應には驗しあるべし、全體に工夫すべし、

◎七體之法

此法中に就て祕訣なり、因て長途を運歩せんと欲するときは、此七體の傳を極め、誠疾と相考思ふ樣に自由になるとき、千里善走の法も此七體を修し行ふべし、夫れ七體と云は、第一には頭を以て運歩するなり、頭を以て運歩すると云は、頭上に心を置き、頭を前へ進む心にてあるく事を云なり、第二には胸を以て運歩するなり、此は頭を控へて胸を向へ突出意にて、胸を以て進むなり、第三には眞の歩驟を以て腰をすえて運歩するなり、第四には右の六歩、第五には左の六歩なり、第六には右の手を用てあるくなり、此は手を掉を云なり、右の手を重に掉事なり、因て手を用て運歩する意なり、第七には左の手を重に掉事上に同じ、せんぐりに代々に用る時は大に驗しあり、此七法并に身の備へ等、管城子の盡す所（注13）にあらず、師授口傳にあらずんば、爭か其の妙を得んや、

◎千里善走之法

此傳千里善走の法とす、至て祕密なり、人々平日に十里も歩行する人は、此法に仍て運ぶときは、二十里は至り易かるべし、二十里程も平日に歩行する人は、三十里は至り易かるべし、健行なる人は四十里の行程一日に至り易かるべし、因て千里善走之法と稱す、試にこれを論じて

曰、京より伊勢へ即日に往んと欲に、驛路三十六里あり、然るを一日に往んとするには、發足の前夜に婢に令て、自己恒に好みけるやうに飯を炊せ、少し柔めに燒乾（注14）、程よく支度し、又握り飯を懐中し、臍の上に當て置、梅干を十枚計用意し、臍輪氣海に全身を養ひ置き、朝七ッ時に内を出で、徐々と二三町計も歩行して、上の七體の法を用ゆ、京より大津迄はいそがはしくせず緩歩する事、喩へば門を出ては大賓を見が如す、此は頭にて行なり、大津より草津迄は胸にて行なり、いそがざれ共自ら疾し、味いあり、夫より右の足六歩の運にて一驛を過ぎ、左にて一驛を過ぎ、右の手にて一驛を過ぎ、左の手にて一驛をすぎ、段々に第一より第七迄の運法を用て行程するなり、歩に随て一驛々々進み行ほど自然と疾ふなる事なり、味いのある處なり、更に足の腫事もなく意易く運歩するなり、此傳は但一驛を一つに取の法なり、迅歩の法は此上行健次第に自由になるべし、祕訣あらまし如此、兎角委き事は師授あるべし、又はなはだ疾し、大概此に著す所の法計にても大益あるべし、多年祕する法なりと雖も、然れ共亦世に脚の軟弱なる人の一助ともあらまほしき事なり、尤も途中すがら花を見、鳥を聽んと思ふ時も心を七體に置、脚の底に心を下して見べし、見るも聽も我物になりて、運歩の邪魔にならず、足のとゞまる事なし、味て見る人あらば、千里を往事豈遠しとせんや（注15）、此千里善走之法は、祖先より傳へ來て祕する事年舊矣、伯敬一人此傳を受、或日伯敬余に語て曰く、願は先生此傳を著して大に世に布けと、余が曰、止、子伯敬が曰、好で山水に遊ぶ者の爲にし、次は最下の人の旅行するにも亦益あり、庶幾は梓に繡して可なり、頃ろ千里善走の法といへる書世に行れんとす、然るときは眞僞をいかん、請ふ先生可せよと、余笑て曰、昔王充論衡を著す、祕する事甚し、然れ共猶世に行る、況んや吾曹蟲を雕るの伎をや（注16）、汝の意まゝにせよと、遂に以て著して伯敬に與ふ、

萬屋作右衛門

明和九年春壬辰正月下浣

衣棚通御池下ル町

不及先生千里善走傳終

◎注記について

（注1）飛廉子（中国の風の神。想像上の動物）
（注2）梓に刻む（書物を版木に彫りつけることから転じて出版する意）
（注3）歩驟《ほしゅう》（歩くこと、走ること）
（注4）肩衣袴穿（裃《かみしも》のこと）
（注5）脊梁《せきりょう》（背筋のこと）
（注6）大蹈歩《だいとうほ》（大股に歩くこと）
（注7）旋《せん》りせんぐり（順番に巡らせること）
（注8）兎徑《とけい》（細い道のこと）
（注9）東三條より石清水へ（京都　東三条から岩清水八幡までのおよそ20㎞）
（注10）朝六ッ時に内を出て、同日四ッ時に歸ん（現在の時刻にしておよそ朝6時に出て午前11時までに帰る意）
（注11）魏の曹將軍（中国三国時代魏の曹操のことか）
（注12）卯の時に出で、巳の時に歸る（不定時法。夏至と冬至で変わるが、現在の時刻にしておよそ朝6時に出て午前11時までに帰る意）

（注13）管城子の盡す所（管城子…筆のこと。書き記しつくすの意）

（注14）焼乾《やきほし》（江戸時代の米の炊き方は茹でて行う湯取り法が一般的であった。焼乾は現在のように鎌で炊きあげる方法）

（注15）千里を往事豈《ゆくことあに》遠しとせんや（千里の道を往くこともどうして遠いということがあろうか。「先ず隗より始めよ」で知られる戦国策・燕《えん》策—史記・燕召公世家《えんしょうこうせいか》の一節）

（注16）吾曹蟲を雕るの伎をや（「吾曹（私の）蟲《むし》が彫るような飾り立てた（小さな）技は…」と、自らの技法を遜《へりくだ》った言い回し）

◎距離について

一里＝三六町＝３・９３㎞（約４㎞）

一町＝１０９ｍ

「千里善走法」の傳書は八つの技法から構成されています。

一、三ッ足運歩の法
一、肩衣袴着の節運歩法
一、上り坂運歩の法
一、下り坂運歩の法
一、平地運歩の法
一、時切疾足運歩の法
一、七體の法
一、千里善走の法

このうち、最も重要と思われる技法は最初の「三ッ足運歩の法」です。これは真・行・草のそれぞれの歩法から成り、概要は次の通りです。

真：左右を五分五分に出し運歩する
行：片方を四分もう片方を六分と運歩する
草：尋常（普段通り）に運歩する

真・行・草の歩法はその後に続く技法の中でも度々登場し、この書の基礎となる技術であることが伺えます。

およそこのような傳書は、冒頭に、基礎にして奥義となる教えを書くものがよく見受けられますが、この傳書もその形をとっているものと思われます。

ですが、ここが一番解読の難しいところでもあります。「真」の歩法の「左右を五分五分に運歩する」とは具体的にどういうことなのか。現代的なジョギングのようなフォームをただ左右均等に心掛けて行えば傳書の示すところとなるのか。はたまた帯刀した際や和装のときに用いるような腕をあまり振らない古風な歩き方を用いるのか。「行」の歩法にある「六分四分」とは、体重のかけ方なのか、歩幅のことなのか。「草」の歩法は「尋常の足取り」とあるが、この時代の尋常とはどういうことなのか。

こういった点は各々の検証や研究の課題であると思われますが、傳書内にヒントは散りばめられています。

例えば、「肩衣袴着の節運歩の法」や「上り坂運歩の法」、「七體の法」の中にも「三ツ足運歩の法」

を用いる旨の解説が出てきます。

全体を読み解き、実践してみることで一番大切な基礎の部分が見えてきます。

本文には「身の備へ等、管城子の盡す所にあらず、師授口傳にあらずんば、爭か其の妙を得んや」とあり、要約しますと「練習法などは到底筆で書き尽くすことはできない。師匠について口伝や実傳を受けなければ、どうしてその本質を体得することができるだろうか」と書かれてしまっているので、師匠からの口傳と合わせて学ぶことが、本来は求められたものと思います。

しかしながら、実傳のほとんどは失伝してしまった現在、創意工夫をして復元を試みる他ありません。自分の身体を通し、実際に経験することが重要だと考えています。道路の環境が変わっても、身体は昔も今もほとんど同じはずです。身体を通して古伝を学ぶことで昔の人とコミュニケーションをとっているような気がしてきます。

ぜひこの技法を多くの方に体験していただき、ロマンに満ちた江戸期以前の走り方に挑戦してみていただきたいと思います。

【三ッ足運歩の法】

真 五分五分

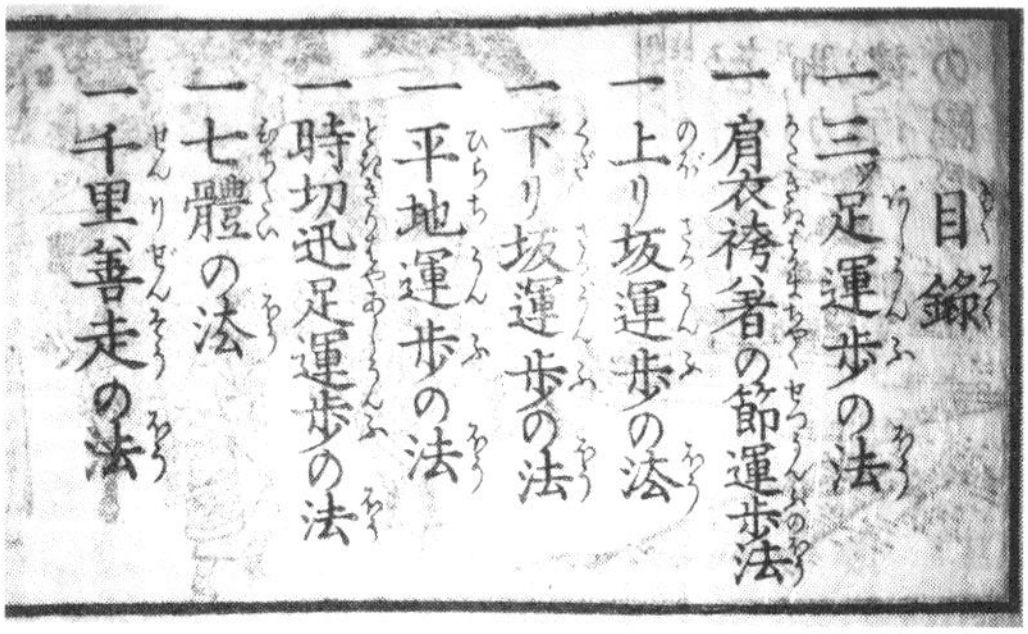

目錄《もくろく》
一 三ッ足運歩《うんふ》の法《ほう》
一 肩衣袴着の節運歩法
一 上《のぼ》り坂《さか》運歩《うんふ》の法《ほう》
一 下《くだ》り坂《さか》運歩《うんふ》の法《ほう》
一 平地《ひらち》運歩《うんふ》の法《ほう》
一 時切迅足運歩の法
一 七體の法
一 千里善走《せんりぜんそう》の法《ほう》

もっとも基本となる「真」の歩法。左右の足を五分五分に均等に出していく。昔は腰に物を身につけていたり、着崩れを防ぐため、大きく手を振ったり腰を捻ったりはしないように意識する。歩きと走り、両方行ってみる。

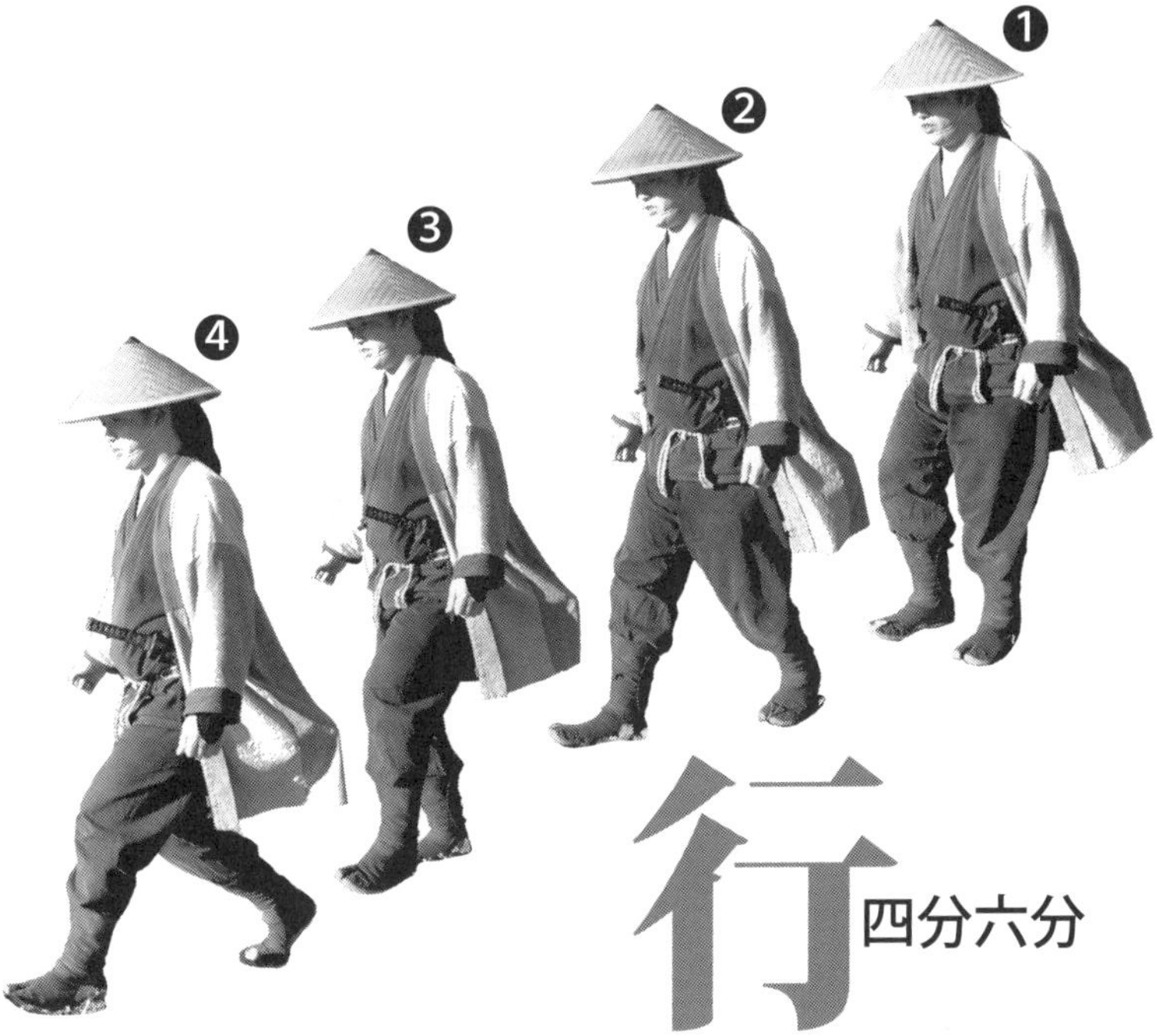

行　四分六分

「行」の歩法では、四分六分に足を出していく。著者は片方の足は滞空時間を短く、もう一方の足は滞空時間を長くとり、ストロークを左右で少し変える心持ちで行っている。怪我や痛みのある足を庇うようにして長距離を歩くことも可能となる。その際体重を掛けないよう、痛めた足のほうを六分で運ぶと良い。

草

「草」の歩法では、真と行を踏まえた上で、思うがままに自由に歩く。

【七體の法】

腕

応用の歩き方と言える「七體の法」は、体の「頭、胸、腹、両足、両手」の各部、それぞれに重心位置を分散して、どこか1箇所に重きを置いて進む技法。七つの技法を一定距離ずつ順々に巡らせて歩く（走る）ことによって、疲れを軽減させ、長距離を移動することが可能となる。

片手に重きを置き、重いものを振った力を用いて、宙に飛ぶように進んでいく。両手を振ってしまうと、片手で生まれた推進力は逆の手で相殺されてしまうので、跳ねる動きが出てこない。片手を振り戻す際に、反作用で逆の足が前に出る。

頭

胸を控えて頭が重くなり、頭が前に出るのに対して身体がついていく。

胸

頭を控えて胸が重くなり、胸を突き出すように重きを置き、足は五分五分に進めていく。

千里善走法

【上り坂運歩の法】

上

上り坂では手を下げて腰を据え、両足を廻らせせながら「真の歩法（五分五分）」あるいは、「行の歩法（四分六分）」で上っていく方法がある。斜面では十間（18メートル）毎に歩き方を変えるようにとも傳書には紹介されている。

【下り坂運歩の法】

下

下り坂では両手を挙げ、肩で着地の衝撃を逃すように足腰の負担を和らげる。

「万民千里善歩傳」明和８年（1771 年）

ここに、文久３年（1863 年）皇都書林による復刻版も特別収録。こちらの資料は崩し字で書かれているため、現代の人には少し読みにくいが、絵図が入っている。そのため、身体技法の理解にはとても参考になるものである。書かれている内容は、先述の「不及先生千里善走傳」明和９年（1772 年）の内容とほぼ同一といえる。

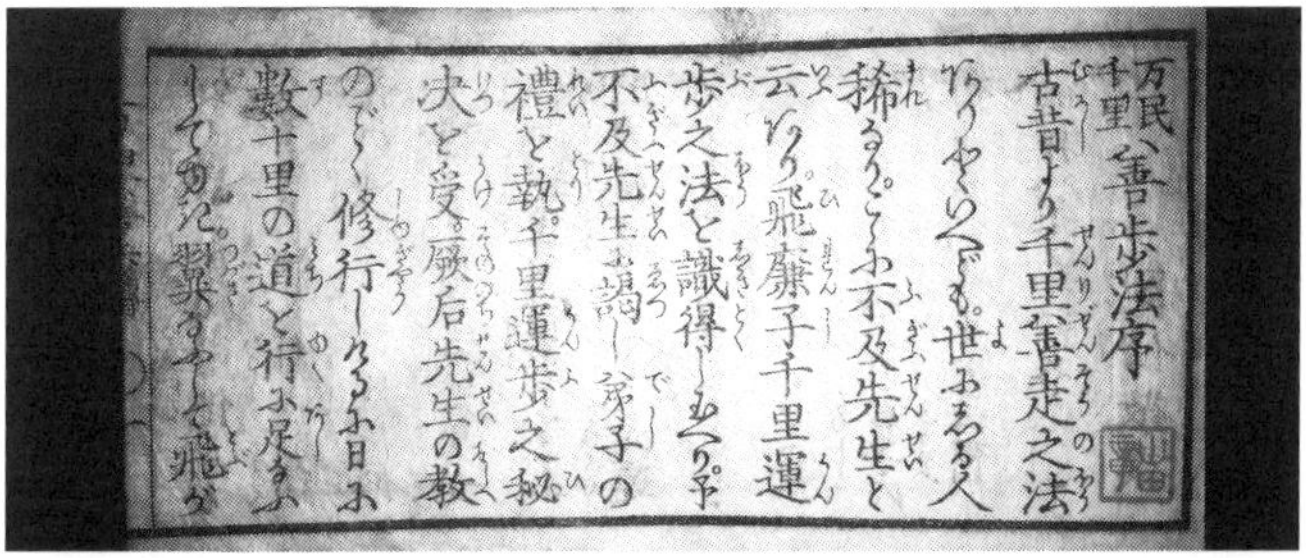

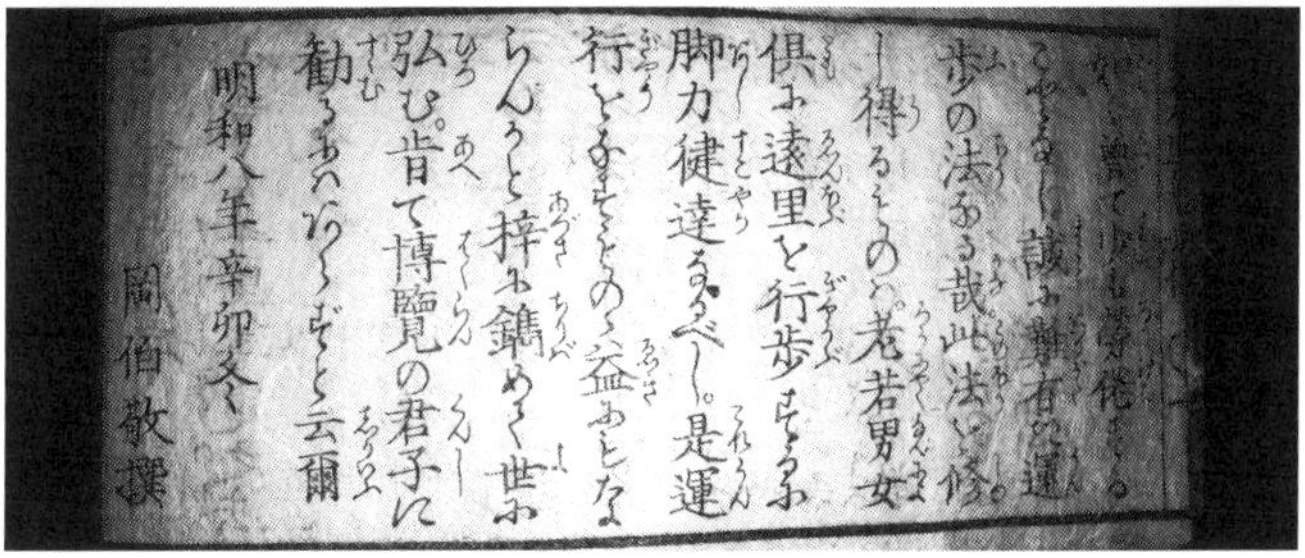

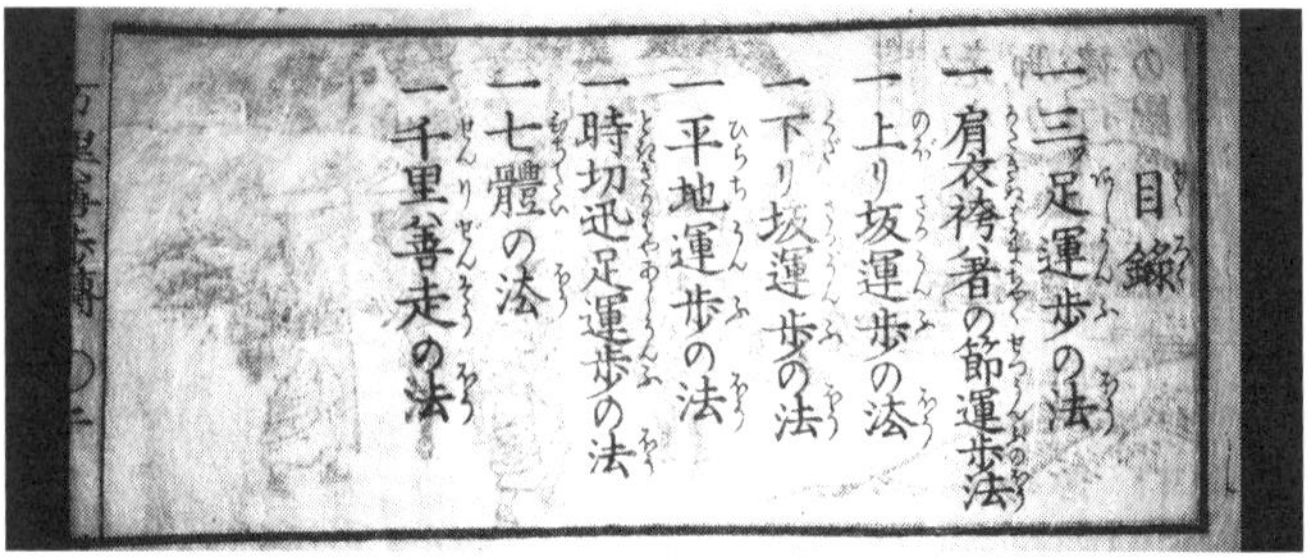

目録《もくろく》

一 三ッ足運歩《うんぷ》の法
一 肩衣袴者の節運歩法
一 上り坂運歩の法
一 下り坂運歩の法
一 平地運歩の法
一 時切迅足運歩の法
一 七體の法
一 千里善走の法

万里善歩傳 ○二

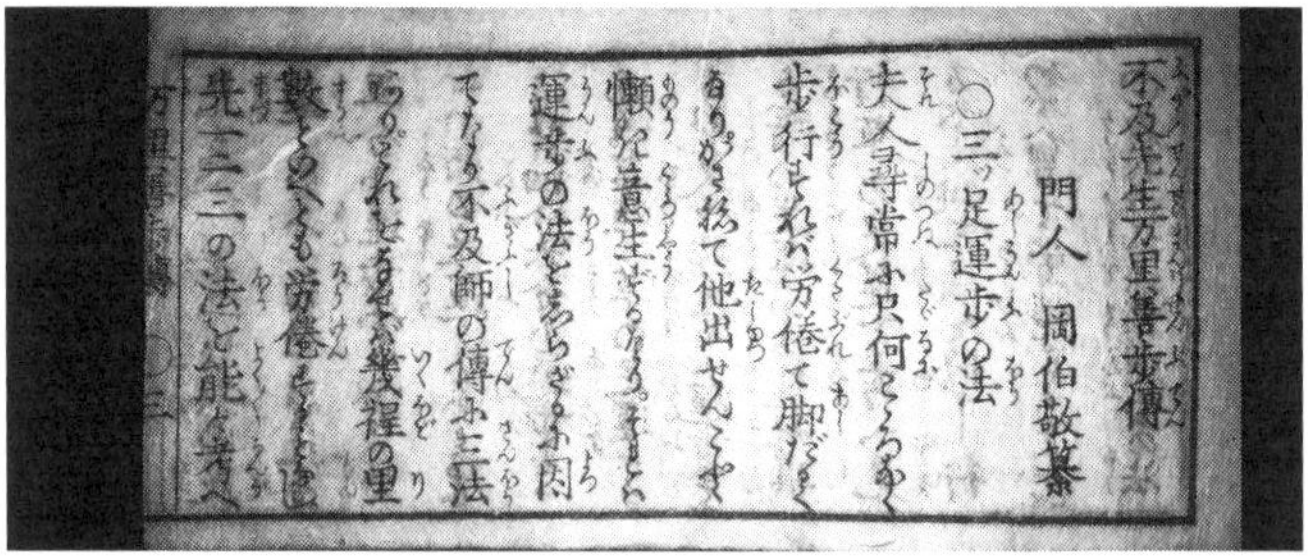

不及先生万里善歩傳
門人 周伯敬纂
○三ッ足運歩の法
夫人ハ尋常に只何となく
歩行すれバ労倦て脚だゆく
て他出せんこと
運歩の法を知らざるに因
てなり不及師の傳ふ三法
里
先一二三の法を能く考へ

万里善歩傳 ○三

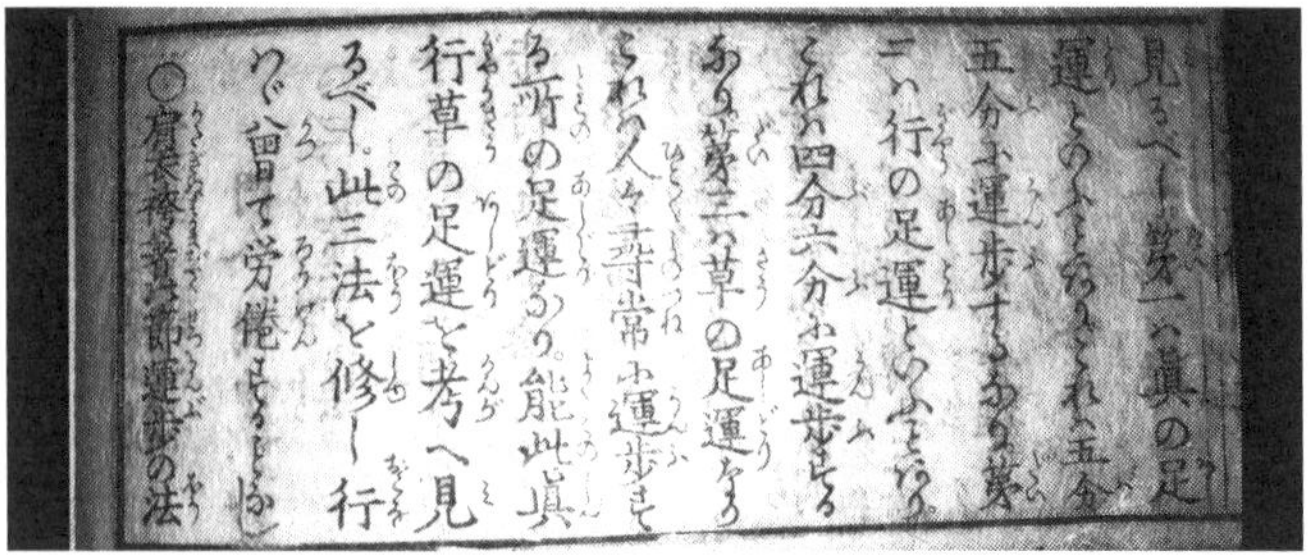

見るべし第一ハ眞の足
五分に運歩するなり第
二ハ行の足運といふハ
これハ四分六分に運歩する
なり第三ハ草の足運なり
これハ人々尋常に運歩して
る所の足運なり能此眞
行草の足運を考へ見
るべし此三法を修し行
ハゞ曾て労倦ることなし
○肩衣袴者の節運歩の法

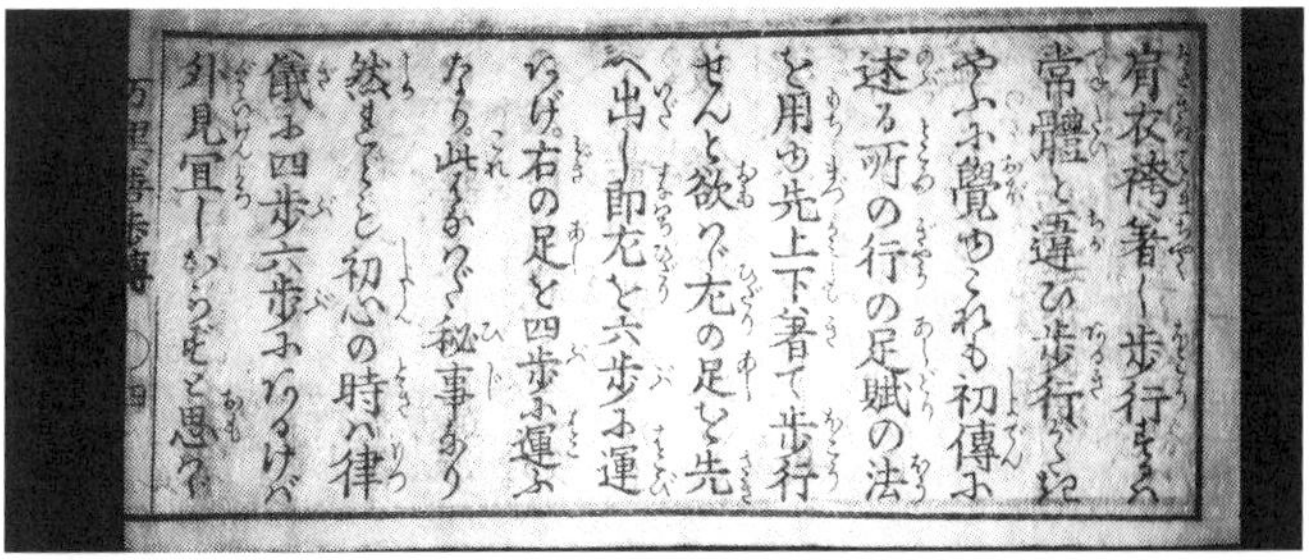

宥衣袴着し歩行する人
常體と違ひ歩行がたき故
やぶに覚ゆ。これも初傳に
述る所の行の足賦の法
を用ゆ。先上下着て歩行
せんと欲せバ左の足を先
へ出し即右を六歩に運
びけ。右の足を四歩に運ぶ
なり。此さかひて秘事あり
然までと初心の時ハ律
儀に四歩六歩になるけバ
外見宜しからずと思へバ

万里善歩傳 〇四

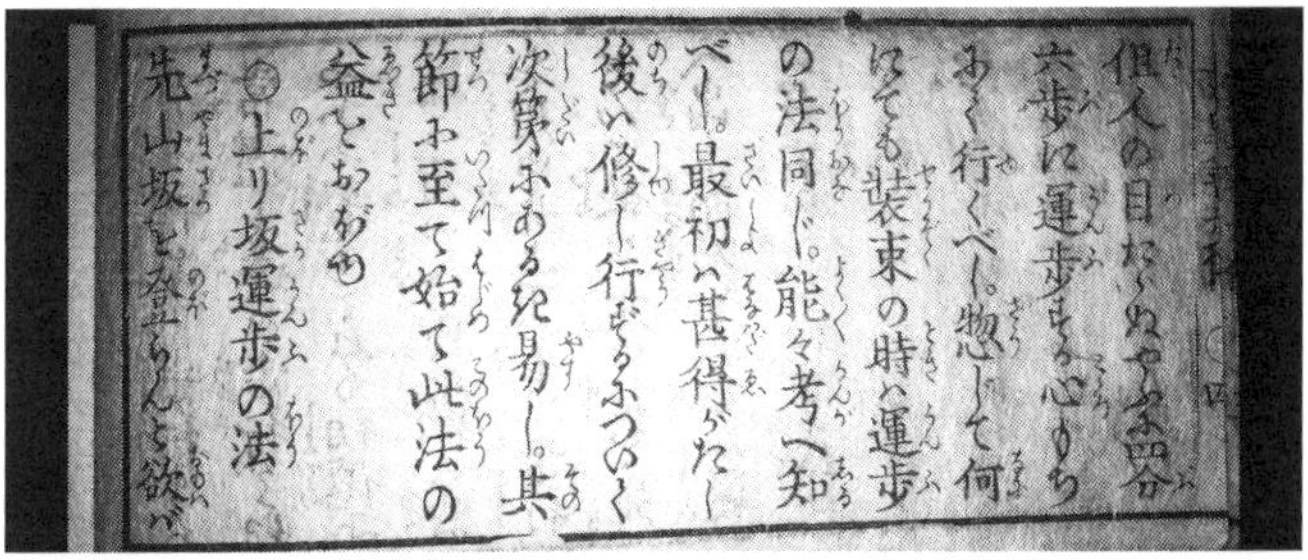

但人の目だゝぬやうに品合
六歩に運歩する心もち
にて行くべし。惣して何
にても装束の時ハ運歩
の法同じ。能々考へ知る
べし。最初ハ甚得がたし
後ハ修し行ずるにつれて
次第にある易し。其
節に至て始て此法の
益をおぼゆ
◯上り坂運歩の法
先山坂を登らんと欲バ

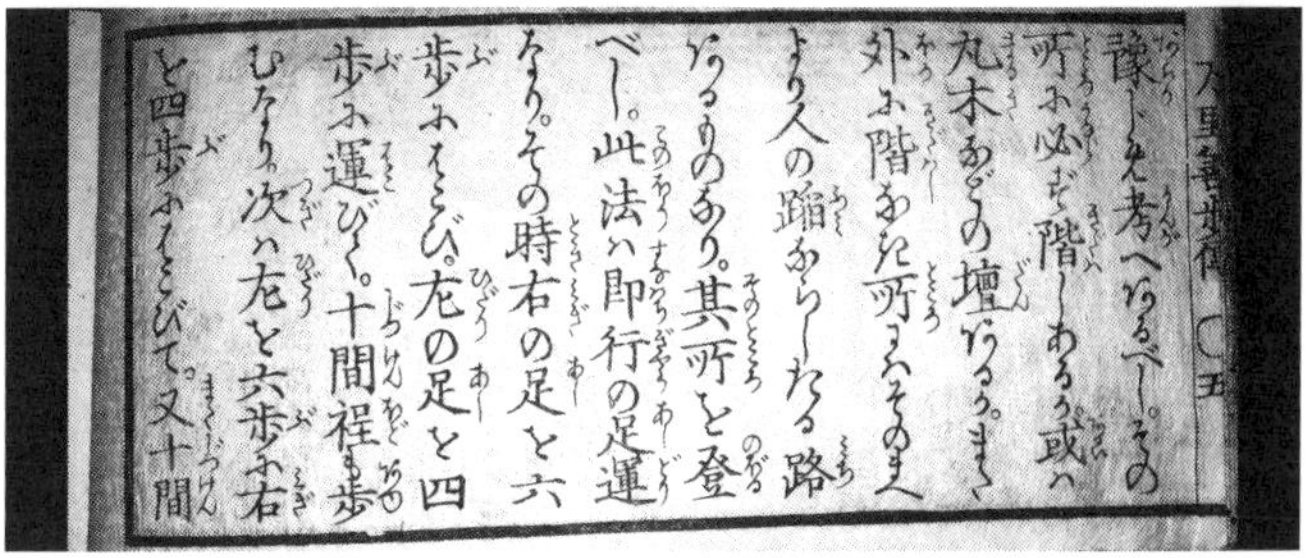

豫し考へおるべし。その
所に必ず階しあるか或ハ
丸木などの壇あるか。また
外に階なき所ハそのまゝ
より人の踏ならしたる路
なるものあり。其所を登る
べし。此法ハ即行の足運
なり。その時右の足を六
歩にとび。左の足を四
歩に運びて。十間程も歩
むなり。次ハ左を六歩に右
と四歩にとびて。又十間

万里善歩傳 〇五

程《ほど》も歩《あゆ》むなり。又其次《そのつぎ》ハ
脊梁《せすぢ》を竪起《おしたて》て腰《こし》をすゑ
歩《あゆ》む。これハ全《まつた》く眞《しん》の足《あし》
運《はこび》を用《もち》ゆ。所謂《いはゆる》腰《こし》を居《すへ》
て足《あし》を軽く擧て又十間《けん》
程《ほど》も歩《あゆ》む必《かならず》しも大蹈歩
に行《ゆ》くべからず旋《せん》ぐりぐりく
に最初《さいしよ》の左六歩右六歩。
又五歩五歩と腰《こし》を切《きつ》て
ゆるくあり假令何町歩
むとも此傳の通に足を
運轉ように足の沈重を

決してかるし。能々わかりて
知るべし
○下り坂運歩の法
上に所謂登坂運歩の
法のごとくに心得るなり。然
ながら下り坂ハ少し訳
あり。全體《ぜんたい》ハ腰にこころを
廻《めぐら》して足を擧ること軽く。
小歩《こあゆび》するなり。昔晋の許
詢といひし人。好て山水
の間にあそぶ。體登陟に
便ありしのミ便《べん》ありといへ

歩驟の法を得たるといふ
義なり。尤下り坂などの路
の凸凹のごとくなき所を
考て歩《あゆ》むことなり。なかんぞ
捷徑など蹈行べからず。先
坂を下らんと欲はゞ我両手を
矯意持にて肩を使ふて
歩《あゆ》む肩を使て歩むと云
ハ肩をふりて腰を居足
軽に歩むこと十間ばかりも
歩るなり又肩を腰と居く
十間ばかりも歩むなり又其

次ハ脚の底に意を下して
軽く運ぶこと十間計も行。
又或ハ手を掉て十間計も
ゆるくと云やうにせんぐりに
意もちをかへて十間程位
あて運歩をまじへるもよし。
全躰下り坂ハ腰をすへて
運歩することを肝心とす。うち
法何程ありといへども悉
かくのごとしせんぐりに運歩
すべし然るときハ一向労倦
することなかるべし

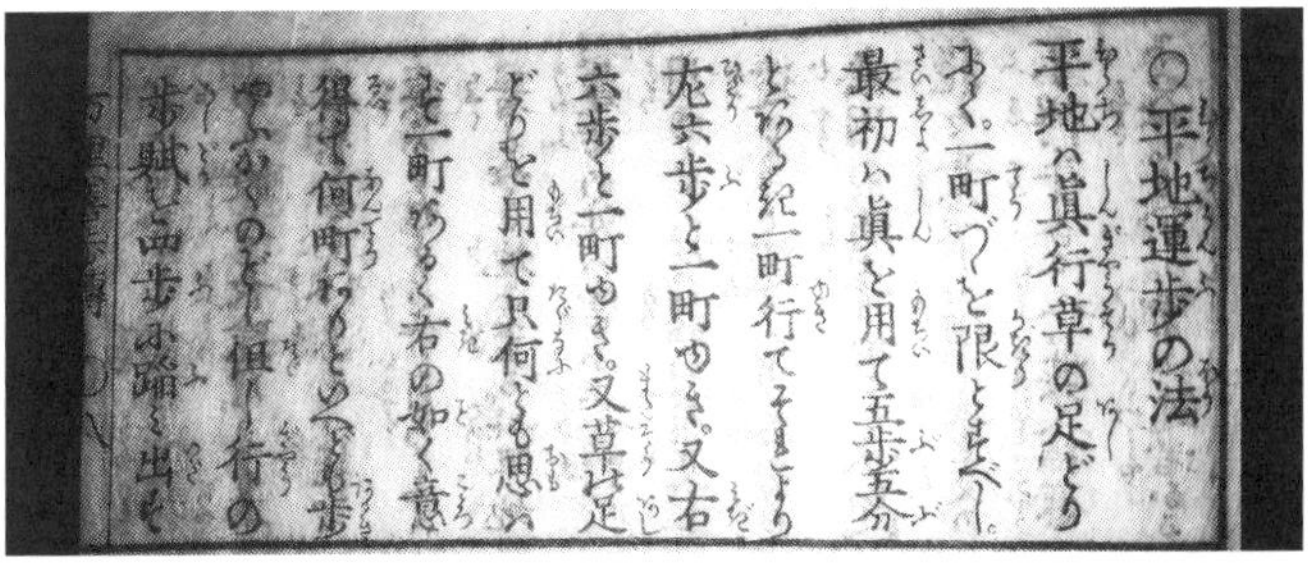
○平地運歩の法
平地ハ眞行草の足どり
あり。一町づゝを限とすべし。
最初ハ眞を用て五歩五分
とあり紀一町行てそれより
左六歩と一町ゆき。又右
六歩と一町ゆき。又草ハ足
どりを用て只何とも思ハ
ず一町ゆるく右の如く意
得て何町ゆりとめても歩
やむべのどし。但し行の
歩賦ハ西歩に踏ミ出そ

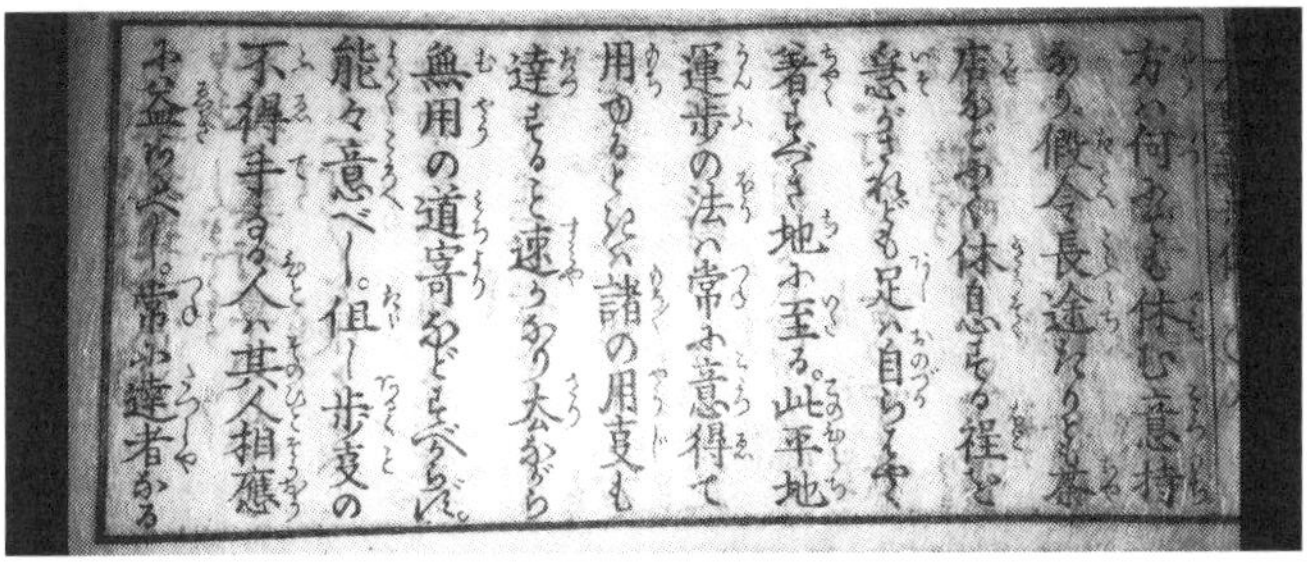
方ハ何ほども休む意持
あり。假令長途なりとも恭
席などにて休息する程と
急ぎされども足ハ自らよく
着すべき地に至る。此平地
運歩の法ハ常に意得て
用ゆるときハ諸の用事も
達する事速かなり大ふなら
無用の道寄などもすべからず。
能々意べし。但し歩支の
不得手なる人ハ其人相應
に益あるべし。常に達者なる

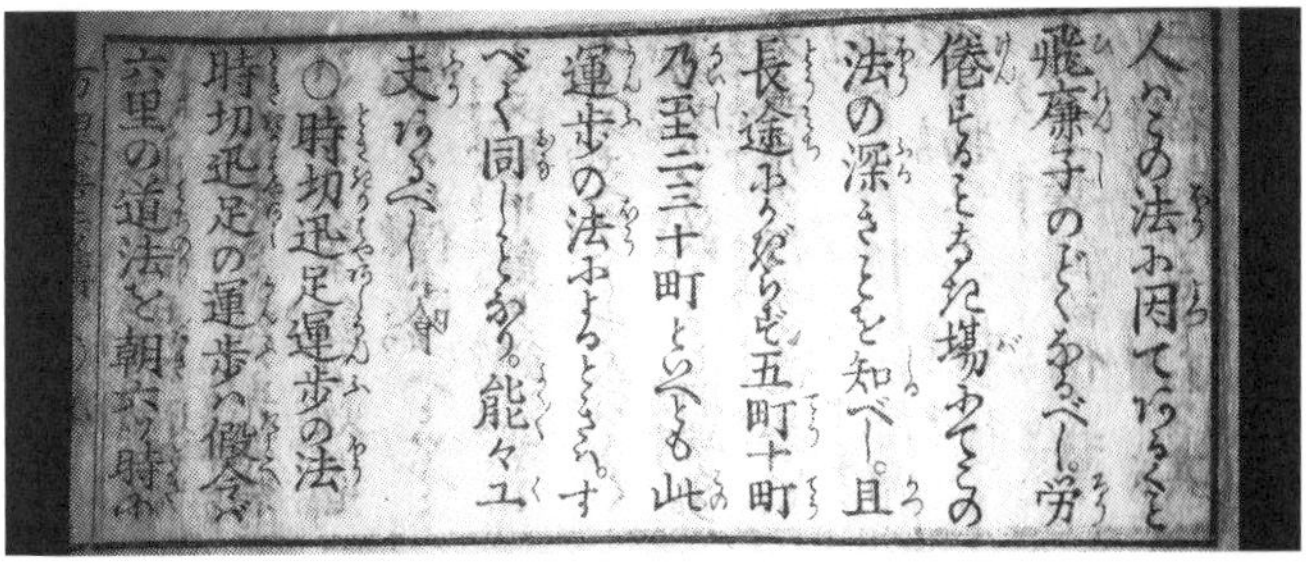
人ハその法に因てかろくを
飛廉すのごくなるべし。労
倦せることなき場にてその
法の深きことを知べし。且
長途にかぎらず五町十町
乃至二三十町といへども此
運歩の法によるときハ。す
べく同じことなり。能々工
夫なるべし
○時切迅足運歩の法
時切迅足の運歩ハ假令ば
六里の道法を朝六ツ時に

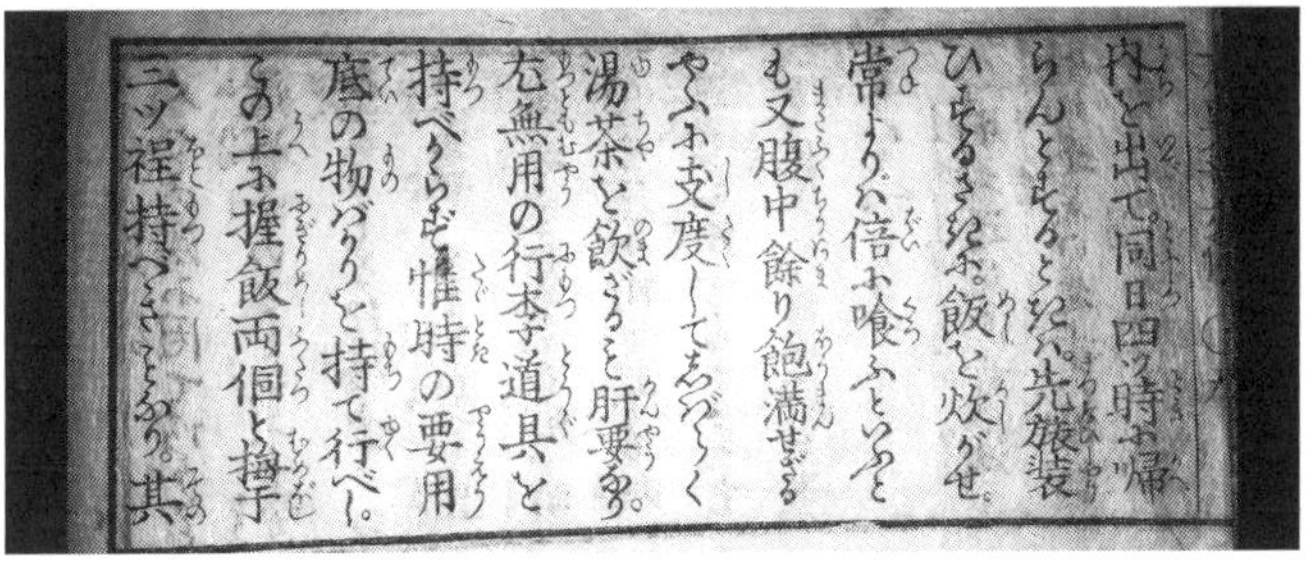
内を出て同日四ツ時に帰
らんとするときハ。先旅装
ひをするうちに。飯を炊がせ。
常よりハ倍に喰ふといへど
も又腹中餘り飽満せざる
やうに支度してあゆむべく
湯茶を飲ざること肝要なり。
右無用の行李ず道具と
持べからず。惟時の要用
底の物ばかりを持て行べし。
その上に握飯両個と搏
二ツ程持べきことなり。其

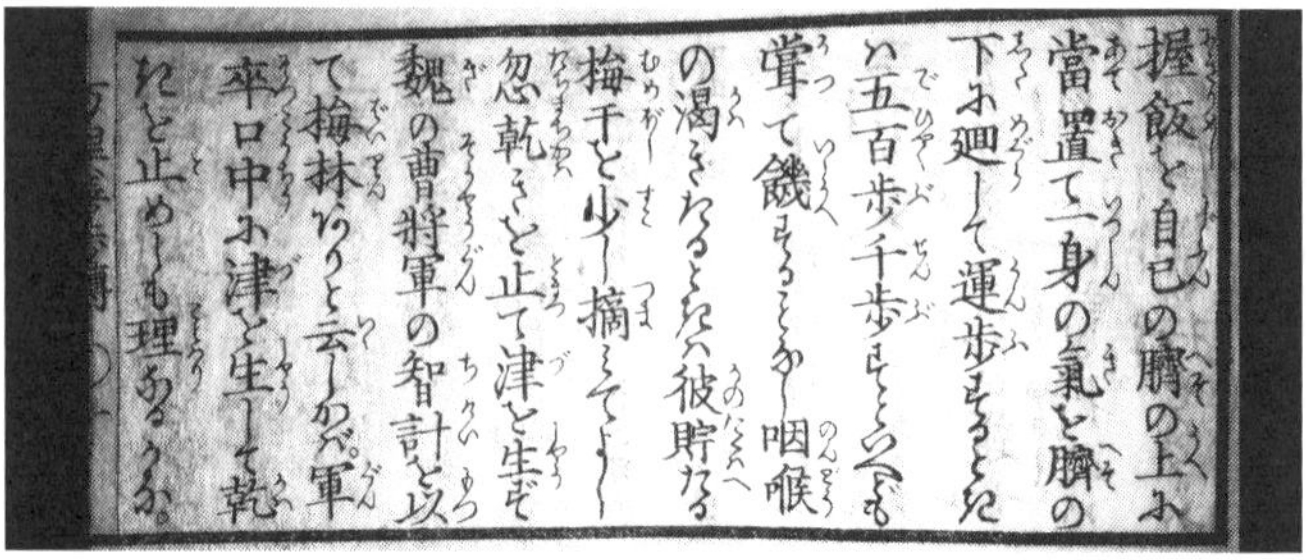

握飯《にぎりめし》を自己《じこ》の臍《へそ》の上《うへ》に當置《あておき》て一身《いつしん》の氣《き》を臍《へそ》の下《した》に廻《めぐら》して運歩《うんぷ》するときは五百歩《でひやくぶ》千歩《せんぶ》するといへども饑《うゆ》ることなし咽喉《のんど》の渇《かはき》たるときは彼貯《かのたくはへ》なる梅干《むめぼし》を少《すこ》し摘《つま》みてなめ忽《たちまち》乾《かはき》を止《とめ》て津《つ》を生《しやう》ず魏《ぎ》の曹將軍《そうしやうぐん》の智計《ちけい》を以《もつ》て梅林《ばいりん》ありと云しかば軍卒《ぐんそつ》口中《こうちう》に津《つ》を生《しやう》じて乾《かはき》を止《とめ》しも理《ことわり》なるかな。

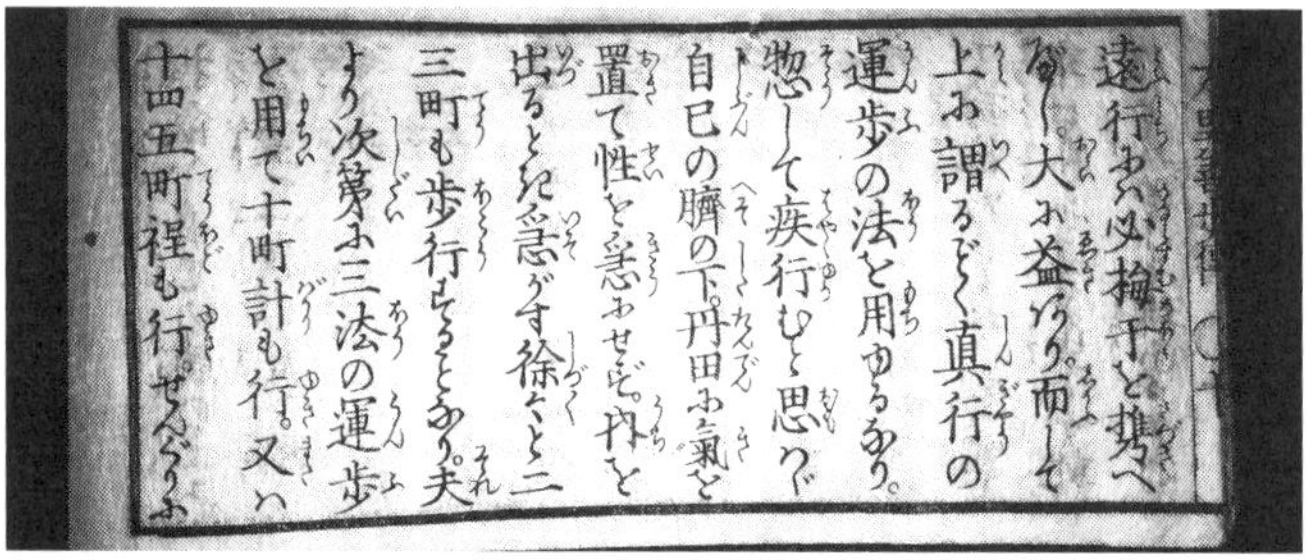

遠行《ゑんかう》には必《かならず》梅干《むめぼし》を携《たづさ》へ給へし大《おほい》に益《えき》あり。而《しかう》して上《うへ》に謂《いふ》るごとく真行《しんぎやう》の運歩《うんぷ》の法《ほふ》を用《もち》ゆるなり。惣《そう》して疾行《しつかう》せんと思《おも》はゞ自己《じこ》の臍《へそ》の下《した》。丹田《たんでん》に氣《き》を置《おき》て性《せい》を急《きふ》にせず。内《うち》を出《いづ》るときは急《いそ》がず徐々《しづ／＼》と二三町《ちやう》も歩行《あゆみ》するなり。夫《それ》より次第《しだい》に三法《さんぽう》の運歩《うんぷ》を用《もちひ》て十町《ちやう》計《ばかり》も行《ゆき》。又は十四五町《ちやう》程《ほど》も行《ゆき》ぜんぐりに

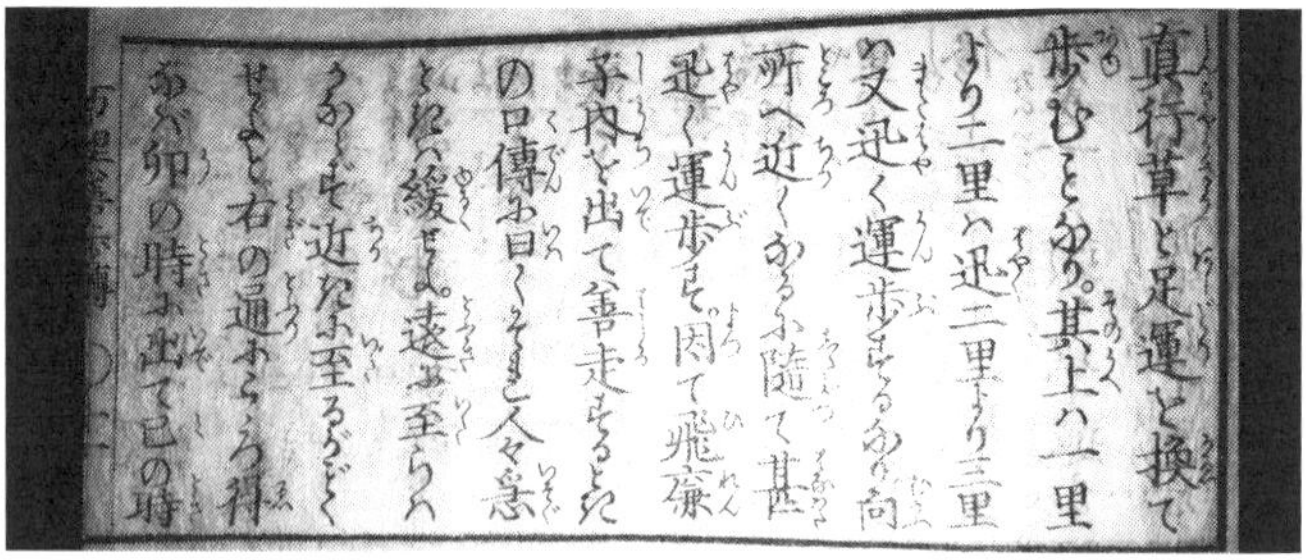

真行草《しんぎやうさう》と足運《あしはこび》を換《かへ》て歩《あゆ》むことなり。其上《そのうへ》は一里《いちり》より二里は迅《すみやか》に二里より三里は又迅《すみやか》く運歩《うんぷ》するなり向《むか》ふ所《ところ》へ近《ちか》くなるに随《したがひ》て甚《はなはだ》迅《すみやか》く運歩《うんぷ》す。因《よつ》て飛廉《ひれん》宅内《しろうち》を出て善走《ぜんそう》するときは其《その》口傳《くでん》に曰《いわく》そこそこ人々《ひと／＼》急《いそ》ぐときは緩《ゆる》くせよ。遠《とほき》に至《いた》らんとおもはゞ近《ちか》きに至《いた》るがごとくせよとは右《みぎ》の通《とほり》にてこゝろ得《え》なさるべし卯《う》の時《とき》に出《いで》て巳《み》の時《とき》

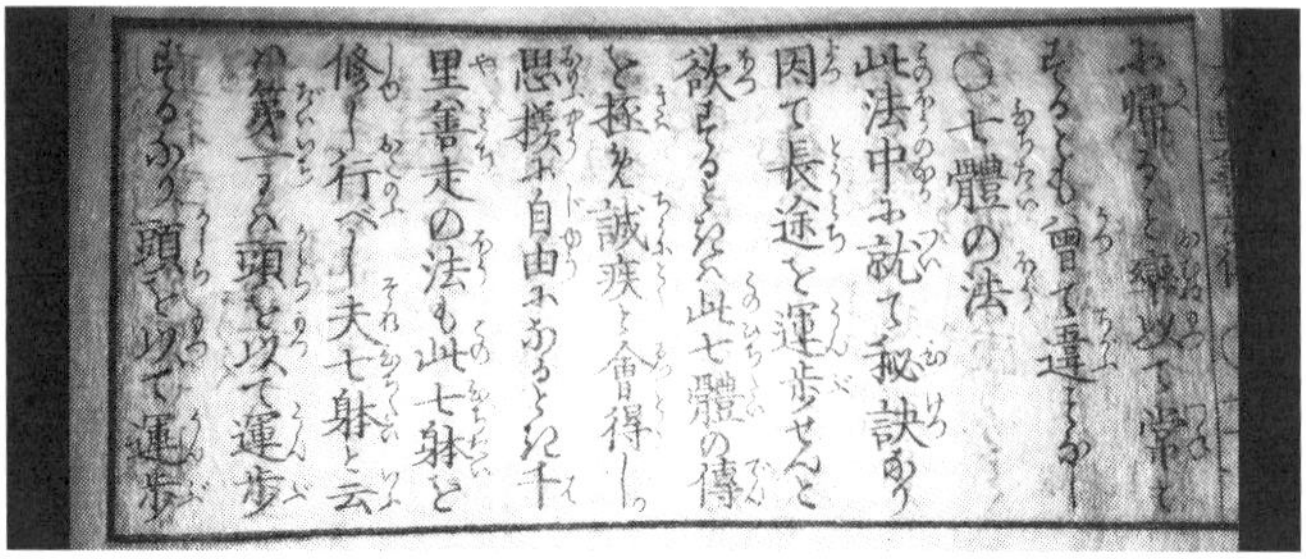

に帰《かへ》ることを練《ねり》以《もつ》て常《つね》とするときは曾《かつ》て違《たが》ふことなし

○七體《しちたい》の法《ほふ》

此法《このほふ》中《ちう》に就《つい》て秘訣《ひけつ》あり因《よつ》て長途《ちやうと》を運歩《うんぷ》せんと欲《ほつ》するときは此七體《このしちたい》の傳《でん》を極《きはめ》て誠《まこと》に疾《はや》く會得《ゑとく》して思《おもふ》の儘《まゝ》に自由《じゆう》になるときは千里《せんり》善走《ぜんそう》の法《ほふ》も此《この》七躰《しちたい》を修《しゆ》して行《おこのふ》べし夫《それ》七躰《しちたい》と云《いふ》は第《だい》一《いち》には頭《かしら》を以《もつ》て運歩《うんぷ》するなり頭《かしら》を以《もつ》て運歩《うんぷ》

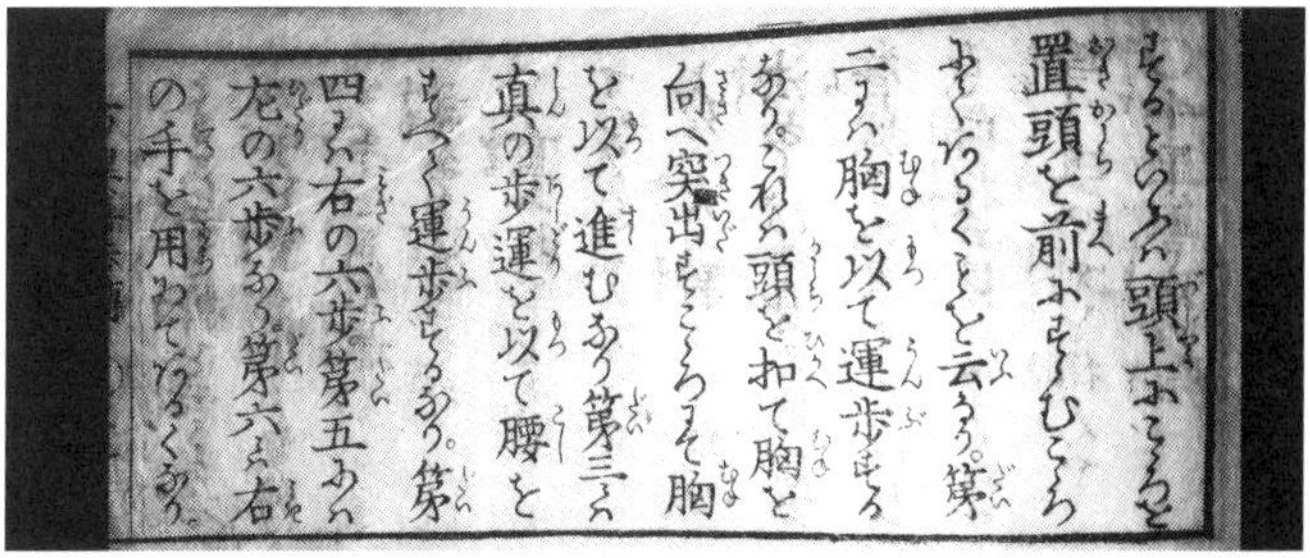
こゝろとの心ハ頭上にこゝろを
置頭を前にをしむこゝろ
もちゆると云なり。第
二ハ胸を以て運歩する
なりこれハ頭を抑て胸を
向へ突出すこゝろにて胸
を以て進むなり第三ハ
真の歩運を以て腰を
もつて運歩するなり。第
四ハ右の六歩なり第五ハ
左の六歩なり第六ハ右
の手を用ひてなるくなり。

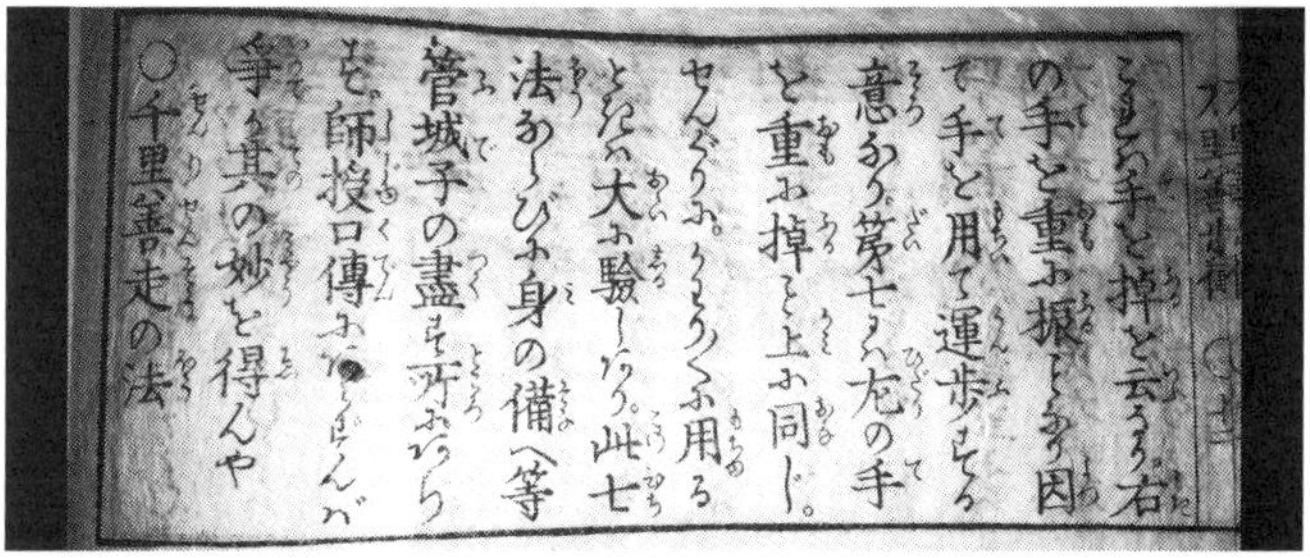
こゝろハ手を掉と云なり右
の手を重に振よるなり因
て手を用て運歩する
意なり第七ハ左の手
を重に掉こと上に同じ。
せんぐりに。かろく用る
ときハ大に験しあり。此七
法なくしびに身の備へ等
管城子の盡す所ならら
を師授口傳に…んバ
争か其の妙を得んや
○千里善走の法

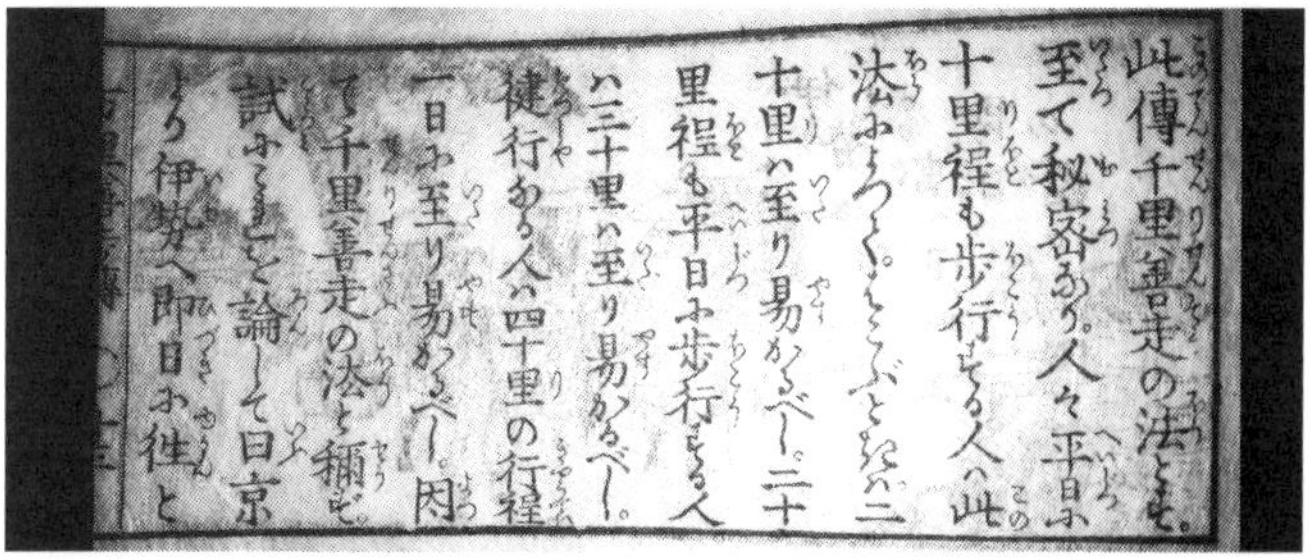
此傳千里善走の法とも。
至て秘密なり。人々平日に
十里程も歩行する人ハ此
法によつてかくとなハ二
十里ハ至り易かるべし。二十
里程も平日に歩行する人
ハ三十里ハ至り易かるべし。
健行なる人ハ四十里の行程
一日に至り易かるべし。因
て千里善走の法と稱せ。
試にことを論して日京
より伊勢へ即日に往と

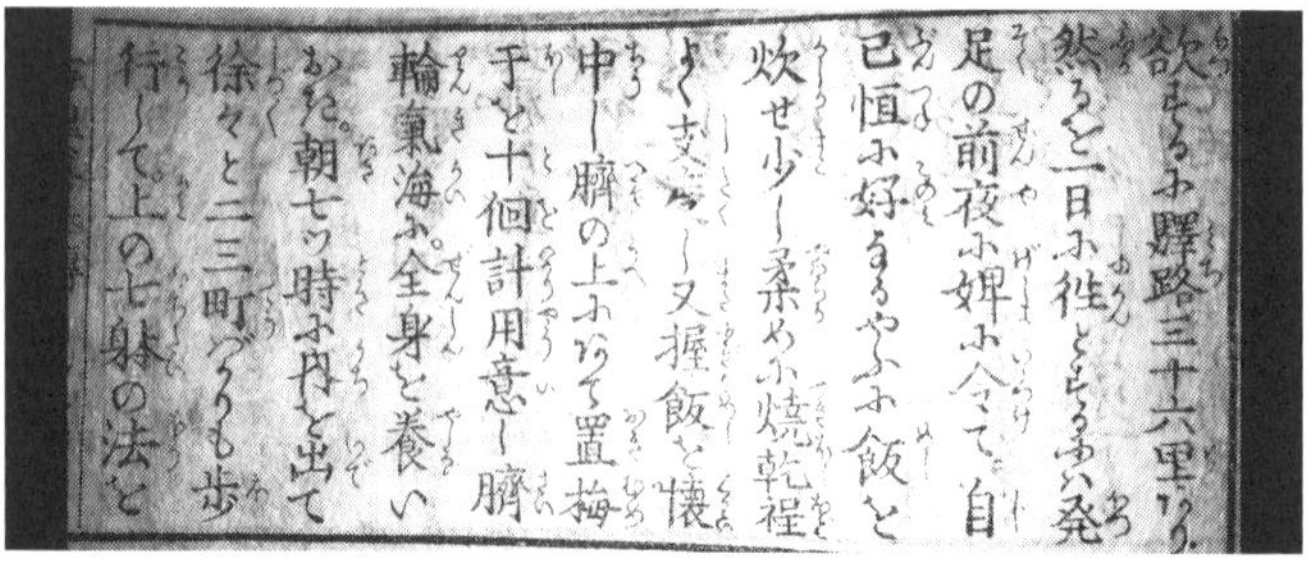

欲《ほつ》するに驛路《えきろ》三十六里なり。然《しか》るを一日に往《ゆかん》とする時は発《ほつ》足《そく》の前夜《ぜんや》に婢《げじよ》に命《いひつけ》て自己《おのれ》が恒《つね》に好《この》む所の飯《めし》を炊《かしが》せ少し柔《やはらか》めに焼乾糒《やきほしいゝ》をよく支度《したく》し又握飯《にぎりめし》を懐中《くわいちう》し臍《へそ》の上において置《おき》梅干《うめぼし》を十個《とを》計《ばかり》用意《ようい》し臍輪《さいりん》気海《きかい》に全身《ぜんしん》を養《やしな》い扨《さて》朝七ツ時に内《うち》を出《いで》て徐々《じよじよ》と二三町《ちやう》がほども歩行《ほかう》して上の七躰《しちたい》の法を

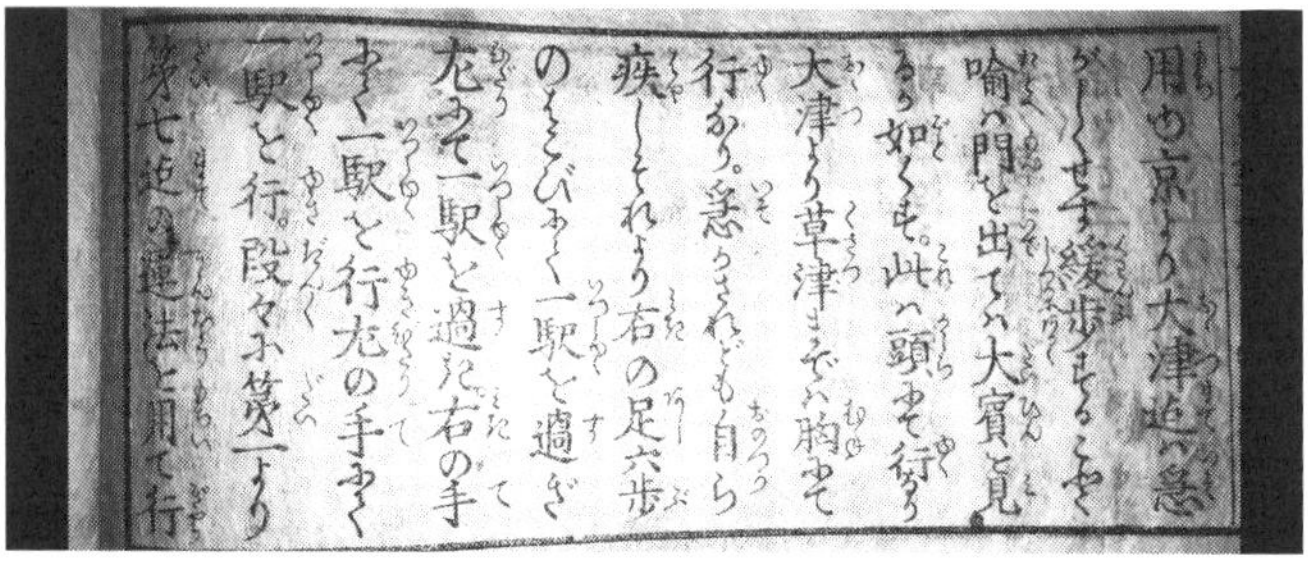

用《もち》ゆ。京より大津迄《まで》は急《いそ》がしくせず緩歩《くわんぽ》するがよく喩《たとへ》ば門を出ては大賓《たいひん》を見るが如《ごと》くせよ。此《これ》は頭《かしら》にて行《ゆく》なり。大津《おほつ》より草津《くさつ》までは胸《むね》にて行《ゆく》なり。急《いそ》がされども自《おのづか》ら疾《はや》くしそれより右《みぎ》の足六歩《ぶ》のあゆびにて一駅《ひとつゆく》を過《す》ぎ左《ひだり》にて一駅《ひとつゆく》を過《す》ぎ右《みぎ》の手にて一駅《ひとつゆく》を行《ゆき》左《ひだり》の手にて一駅《ひとつゆく》を行。段々《だんだん》に第一より第七迄の運法《うんぽう》を用《もち》ひて行

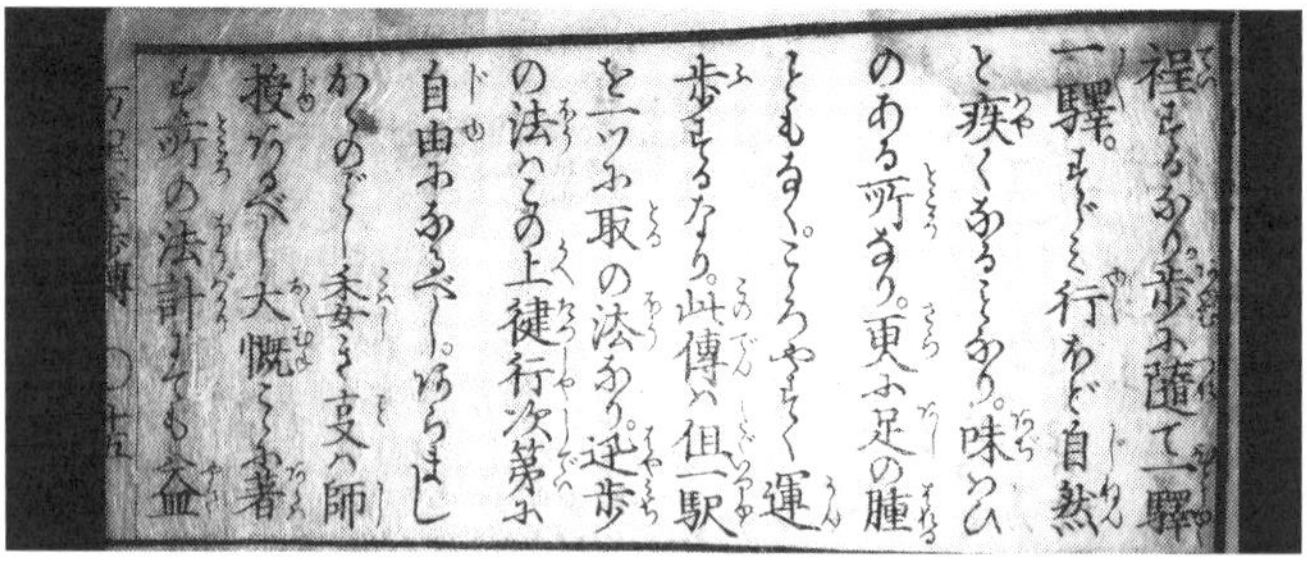

程《てい》するなり。歩に随《したがひ》て一驛一驛、おのづから行なれど自然《しぜん》と疾《はや》くなることなり。味《あぢは》ひのある所《ところ》なり。更《さら》に足の腫《はるゝ》こともなく、こゝろやすく運《うん》歩《ぶ》するなり。此傳《このでん》は但《ただし》一駅《ひとつゆく》を一ツに取《とる》の法《はう》なり。逆歩《ぎやくほ》の法は此上《このうへ》健行《けんかう》次第《しだい》に自由《じいう》になるべし。ほらまし かくのごとし。委《くはし》き事は師授《しじゆ》なるべし。大概《おほむね》こゝに著《あらはす》所《ところ》の法計《ばかり》にても益

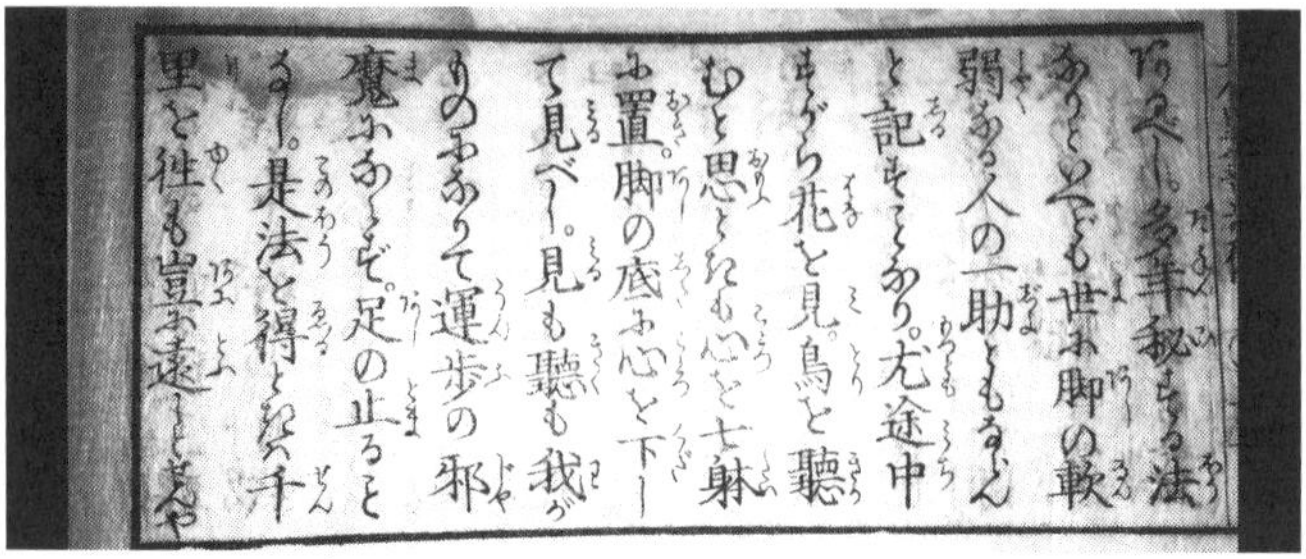

なるべし。多年《たねん》秘《ひ》する法《はう》なれども世に脚《あし》の軟《なん》弱《じやく》なる人の一助《いちじよ》ともならんと記《しる》すことなり。尤《もつとも》途中《とちう》ながら花を見鳥を聴《きく》とも思《おもひ》ながらも心《こゝろ》は七躰《しちたい》に置《おき》。脚《あし》の底《そこ》に心《こゝろ》を下《くだ》して見《み》べし。見《み》も聴《きく》も我《わが》ものになりて運歩《うんぶ》の邪《じや》魔《ま》にならぬぞ。足《あし》の止《とま》ることなし。是法《このはう》を得《え》なば千《せん》里《り》を往《ゆく》も豈《あに》遠《とほ》しとせんや

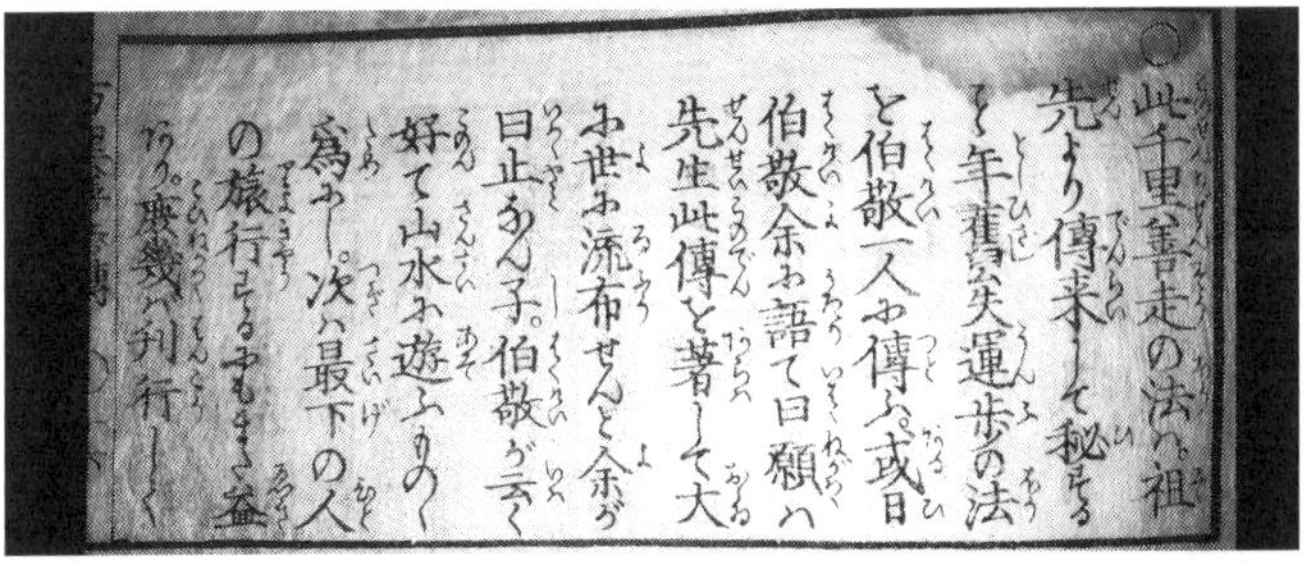
此千里善走の法ハ祖
先より傳来して秘する
こと年旧矣運歩の法
を伯敬一人ニ傳ふ或日
伯敬余ニ語て曰願ハ
先生此傳を著して大
ニ世ニ流布せんと余が
曰止ぬん子。伯敬が云く
好て山水ニ遊ふもの
爲ニし。次ハ最下の人
の旅行するニも益
なく庶幾ハ刊行して

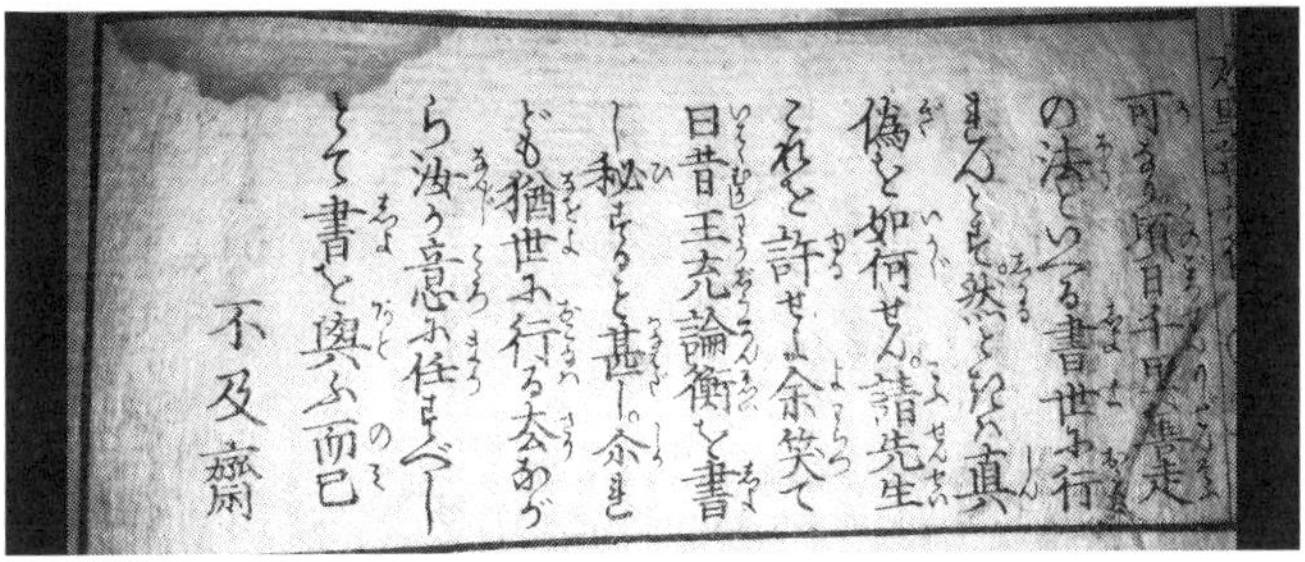
可ならん願ハ千里善走
の法といへる書世ニ行
はれんと。然とれバ真
偽を如何せん。請先生
これを許せよ余笑て
曰昔王充論衡を書
し秘するを甚し。余まし
ども猶世ニ行る太あが
ら海ら意ニ任すべし
とて書を與ふ而已
不及齋

おわりに

BABジャパン『月刊秘伝』編集部から、本書の元となる「忍武秘伝」連載のお話をいただいたときは驚きと共に、自分もついにそうしたお話が来るようになったのかと、誠に光栄な気持ちでした。月刊誌への連載は初めての経験でしたので、どのような形になるのか予想もつきませんでしたが、学生時代から文章の課題をこなしたり、SNSに長文を投稿することなどは、ある種の日課としていましたので、ものを書くことに自信はありました。

ですが、いざ連載が始まってみますと、毎月さまざまなイベントや教室をこなしながらの執筆活動は想像以上に大変で、締切ギリギリになることもしばしば。編集部の皆様には度々ご苦労ご迷惑をおかけしたことと思います。そんな連載もなんとか1年間、休まずに続けることができまして、この度こうして単行本化に至りました。

さて、国内だけでなく世界中で知られる「忍者」ですが、その文化的価値を見落とし、おちゃらけた価値観のみで扱われ、ときに自嘲的に語られてしまうことすらあります。これでは先哲の伝え残したせっかくの宝の持ち腐れと言えましょう。世界に類をみない、日本的精神の結晶と言って過言ではない「忍びの精神」を人の在り方、つまり「道」として昇華した忍道。その楽しさや学びの醍醐味を私の経験や修行エピソードを通じて感じ取っていただけましたら冥利に尽きます。

私の座右の銘に「汲古」があります。これは水を汲み上げるように古に学ぶという意味です。私に忍術、武術を伝えてくださったたくさんの師やご縁をつないでくださった方々のご期待に添えるよう、これからも「汲古」の精神で、精一杯恩返しをしていきたいと思います。それが、先哲への敬意でもあり、師への感謝だと思うからです。

最後に、本書の帯に素晴らしいお言葉を添えてくださいました国際忍者学会会長・三重大学人文学部教授の山田雄司先生には格別のお力添えを賜りましたことを深く御礼申し上げます。

また、上掲の方々をはじめとして、誠に失礼ながらこちらに書ききれない多くの学びをくださった方々、ご縁をつないでくださった皆様に、心より深く御礼申し上げます。

甲賀流伴党二十一代宗師家　川上仁一先生
三重大学人文学部教授　山田雄司先生
松聲館　甲野善紀先生
関口流抜刀術山田道場　山田利康先生
江戸隠密武蔵一族代表　柴田バネッサ先生
里山武芸舎　生田覚通先生
湧気行代表　長谷川智先生
真田忍者研究会会長　伊与久松凬先生
システマ東京代表　北川貴英先生
天台宗大宮山長松寺　中村純裕住職
演劇集団　合同会社ＭＰＳ御中
忍道陰忍師範　諸先生方

（順不同）

著者◎習志野 青龍窟 ならしの せいりゅうくつ

「忍道」陰忍五段師範。幼少より武道や格闘技を学び、大学で東洋的身体論を研究。忍術・武術参究者として山修行や武術稽古、国際忍者学会に参加。忍者として国内外のメディアに多数出演。今に役立つ温故知新の心身運用法を、忍術教室や各種イベントを通じ指導中。国際忍者学会 会員、松聲館技法研究員（甲野善紀先生より賜る）、関口流抜刀術山田道場門下、里山武芸舎所属、東京都港区防災アドバイザー（忍術防災）。出演映画「英雄傳」（監督：坂本浩一）が 2025 年に公開予定。

習志野青龍窟 忍道家 公式 X
https://x.com/3618Tekubi

本文デザイン● 澤川美代子
装丁デザイン● やなかひでゆき
カバー写真撮影● 赤熊朱音

◎本書は、武道・武術専門誌『月刊秘伝』2023年9月号〜2024年8月号に連載された「忍武秘伝」をもとに新たに加筆・修正を行い、単行本化したものです。

忍者の秘伝 リアル修行帖

現代に生きる「忍道家」の実践！

2025年2月2日　初版第1刷発行

著　者　　習志野青龍窟
発行者　　東口敏郎
発行所　　株式会社 BAB ジャパン
〒151-0073 東京都渋谷区笹塚 1-30-11　4・5F
TEL　03-3469-0135　FAX　03-3469-0162
URL　http://www.bab.co.jp/
E-mail　shop@bab.co.jp
郵便振替 00140-7-116767
印刷・製本　　中央精版印刷株式会社

ISBN978-4-8142-0690-2 C2075